捏造だらけの自虐史観

司馬遼太郎、中沢啓治のペテンを暴く

東京国際大学特命教授
福井雄三

ビジネス社

はじめに

世界はいま大きな曲がり角にさしかかろうとしている。日本はこれまでアメリカの保護のもとに国家としての意思をもたず、アメリカ軍に国土を占領してもらいながらぬくぬくと生きてきた。だがそのアメリカの衰退は、今後逆に日本国民を、「国家とはなにか。自分で自分の国を守るとはどういうことか」という古くて新しい永遠のテーマに、いやがおうでも直面させることになるだろう。その日は必ずやってくる。そのようなことをいっさい考えずに生きてきた戦後の80年間が、本来ならばありえない異常な時代だったのだ。

日米安保軍事同盟は健在だが、アメリカの衰退と反比例するかのように、極東での中国の威圧感は増し、日本に不気味な恫喝をかけ始めている。日本国民の大多数は国防についてまったく考えていない。こんな状態がいつまで続くのか。自分の国の中に外国の軍隊が基地をもって駐留していることがどれほど異常なことか、日本人は感覚が麻痺して理解できなくなっているのだ。

戦後の80年間は日本人にとってまことに居心地のよい日々だった。アメリカの保護のもとに自分でなにも考えずにすんだのだから。そしてそれを背後で支えたのが司馬史観だったのである。周知のように司馬史観は、明治善玉・昭和悪玉の善悪二元論で成り立っている。日清日露戦争に勝利した栄光の明治時代までは日本はまともな国だった。だが昭和に入ってからまるで魔法にかかったようにだめな国になった。まるで魔法使いが魔法の杖をポンと叩いたように、まったく別の国に変身してしまったのだと。

司馬遼太郎は東京裁判史観の信奉者だった。戦前の日本は軍部が国民をたぶらかし占領支配していたが、それを解放したアメリカはより偉大な文明をもたらした。戦後世の中は開け、太陽が出てきたように明るく暖かくなったのだと。司馬のこのような考え方は、彼が語った次のあの有名な言葉に如実に示されている。

「日本という国の森に、大正末年、昭和元年くらいから敗戦まで、魔法使いが杖をポンとたたいたのではないでしょうか。その森全体を魔法の森にしてしまった。発想された政策、戦略、あるいは国内の締めつけ、これらは全部変な、いびつなものでした。魔法の森からノモンハンが現れ、中国侵略も現れ、太平洋戦争も現れた」

戦後80年間、「アメリカの平和」に酔いしれていた多くの日本人にとって、司馬のこのような発想は心地よく胸に響くものだったのだろう。

だが、詳しくは本書のなかであらためて述べるが、現実には国家がある日突然おかしくなるなどということはありえない。司馬のこのような、いとも単純に歴史を一刀両断する善悪二元論は、かえって国民を混乱させ、国を誤るもとになりかねない。

司馬史観はいまやひとつの社会現象になってしまっていて、新進気鋭の学者や評論家の書いた文章のなかにも、司馬遼太郎の作品に影響されているのではないか、と思えるような箇所がときどき見られるのだ。だが司馬遼太郎の作品に、はたして史観などというものがあるのかどうか。あんなものは単なる講談小説やテレビドラマの時代劇のレベルであって、史観などという大げさなものではない。

１９６９年『文藝春秋』12月号で司馬遼太郎が梅棹忠夫と対談したときの発言を紹介しよう。

「戦争をしかけられたらどうするか。すぐに降伏すればいいんです。戦争をやれば百万人は死ぬでしょう。レジスタンスをやれば十万人は死にます。それより無抵抗で、ハイ持てるだけ持っていって下さい。向こうが占領して住みついたらこれに同化してしまうがよい。それくらい柔軟な社会を作るのが、われわれの社会の目的じゃないですか」

読者諸氏は信じられるだろうか。これが合理主義的といわれる司馬史観の実態なのである。司馬遼太郎という作家の神髄は「もうかりまっか」という言葉に象徴される大阪商人の典型だ、と評した人がいるが、まさしく言い得て妙である。

もう一つ紹介しよう。１９７７年に潮出版社で小田実と対談したときの言葉である。

「暴力団つまり国家における軍事を日本に見た場合、滑稽なのは自衛隊です。日本は平和のための大政略はもつことはできても、戦略は成立しえない国です。なぜなら、その防衛論はウソの上に成り立ち、ウソの大戦を考える。これはフィクションの国家ではないか。まるで昭和前期の国家です。当時それを歴史的に証明したのが、人類史上最大の敗戦ノモンハンであったはず」

読者諸氏は信じられるだろうか。これが国民作家といわれる司馬遼太郎の正体なのである。

第二章では中沢啓治の漫画『はだしのゲン』をとりあげた。この漫画は単行本で全10巻の長編で、全国ほとんどすべての小中学校の図書館と各市町村の図書館に常備されている。総売り上げ部数は１０００万部を超え、世界の多くの国々でも翻訳出版され、世界的な話題になっている。これは原爆をテーマにした作品で、その内容は徹頭徹尾、戦時中の日本という国家に対する憎悪と弾劾である。

現在50代以下の年齢の日本人はたいがい、小学生か中学生の頃この漫画を学校の図書館で読んだことがあり、なかには授業でこの漫画を教材に使わされた者もいるという。たかが漫画だ、と軽く見てはならない。活字離れが進んでいるいまの若い世代にとって、漫画の及ぼす影響力は無視できないほど大きい。

かつて松江市教育委員会が「この漫画のあまりにも事実に反する荒唐無稽な内容は、子供の教育上有害だ」として、市内の小中学校の図書館で閉架措置にふみきった。しかしその直後朝日新聞がこれにかみつき、全国の大手メディアが朝日に迎合して、ついに松江市は閉架措置の撤回に追いこまれてしまったのである。

「また朝日新聞か」の思いがこみ上げてくる。朝日といえば、かつて吉田清治という職業的ペテン師がでっちあげた従軍慰安婦強制連行のでたらめを支持し、これを世界に流し続けてきた。私の学問の師である小堀桂一郎東大名誉教授が「朝日は手にとるも汚らわしい」と嫌悪された新聞である。朝日は長年にわたって日本の国益に天文学的損害を与え続けてきた。売国的姿勢という意味で、中沢啓治にふさわしい新聞といえよう。

『はだしのゲン』に登場する人物たちの台詞をいくつか紹介しよう。

「卑怯者、臆病者、非国民とののしられてもええ。自分の命を守ることが一番勇気のいることなんじゃ」

「死ぬな。弱虫になれ。卑怯者になれ。どんなことがあっても生きて帰れ」

このような言葉を臆面もなく、胸を張って堂々と書ける作者の鉄面皮の神経にも恐れ入るが、このあとの場面で、特攻隊にむりやり組みこまれ、「死にたくない」「死にたくない」と泣き叫んで、出撃から逃げ帰ってくる若者を登場させている。この若者の台詞を紹介しよう。

「最高の殺人者は天皇じゃ。あの貧相なツラをした爺さんの天皇、今上裕仁がアジアの人間を三千万人も殺したんじゃ」
「日本軍の兵士が首を面白半分に切り落としたり、妊婦の腹を切り裂いて中の赤ん坊を引っ張り出したり、女性の性器の中に一升瓶がどれだけ入るかたたきこんで骨盤を砕いて殺したり」

このような怖気を振るう汚らしい言葉が、目をおおうばかりの残虐画面とともに、これでもかこれでもかと読者にぶちまけられるのである。この漫画では、日本と戦った敵国、ひいては当時の世界情勢の分析がまったくなされていない。司馬遼太郎の思考と同様、小さなコップのなかで水が波たち騒ぐように、中沢の思考回路は日本という座標軸のなかだけで旋回し、から回りしているのである。極めつけは次の台詞である。

「もし原爆が落とされなかったら、戦争狂いの天皇は戦争をやめんかったわい。日本人は原爆を落とされたことに感謝せんといかんわい」

人間の魂はここまで自尊心を投げ捨てて卑屈になれるものだろうか。それにしてもこの『はだしのゲン』のような漫画が、よくも四十数年間、日本の社会で大手を振ってまかり通ってきたものである。よくも四十数年間、国民が怒りの声もあげずこの漫画を放置し、野放しにし続けたものである。日本が厳然たる独立国家だった戦前の社会なら考えられないことだ。これがもしも戦前の日本なら、このような漫画に対する非難の声は国をあげて湧き起こり、作者の中沢啓治は徹底的に糾弾されていただろう。

本書を通じて読者が、従来の嘘八百に満ちた捏造だらけの日本自虐史観から目ざめるきっかけになれば幸いである。

2024年8月15日　盛夏の川越市にて

東京国際大学特命教授　福井雄三

捏造だらけの自虐史観

目次

第四章　昭和という時代

第五章　辻政信の真実

第六章　勝海舟と西郷隆盛をどう評価するか

第一章

アメリカはなぜあの戦争を日本に仕掛けたのか

アメリカによる占領を評価する司馬遼太郎

司馬遼太郎は、昭和前期から大正時代にさかのぼるまでの時代の日本を、蛇蝎のごとく嫌悪していた。彼は大正12年生まれで昭和20年の敗戦のときは22歳だから、この時代はまさに、彼の生い立ちから青年期にぴったり重なる。この時代を回想した彼の文章を読むと、次のようなニュアンスに満ちあふれている。

「その頃の日本はなんの喜びも楽しみもない、そして面白くもない灰色のような時代だった。こんな馬鹿なくだらない国は存在するに値しないから、滅んでしまったほうがよいと思っていた。昭和20年8月15日の敗戦は、日本をたぶらかした人びと（すなわち軍部）に占領され支配されていた時代が終わった日だった。アメリカによる占領が始まったが、それはなにか世の中が開けたような、太陽が出てきたような、暖かくなったような感じだった。このアメリカによる占領は屈辱ではなかった。それ以前の日本の軍閥支配（魔法の森の占領者）がまちがっていたのであり、アメリカがもたらしたのはより偉大で柔軟な文明だった」

司馬が晩年近くになってから述べているこのような司馬史観のエッセンスは、実は司馬の初期の作品である『竜馬がゆく』のなかに、次のような文章としてすでに登場している。

「大東亜戦争は世界史最大の怪事件であろう。常識で考えても敗北とわかっているこの戦さを、なぜ陸軍軍閥はおこしたか。それは、未開、盲信、土臭のつよいこの宗教的攘夷思想が、維新の指導的志士にはねのけられたため、昭和になって無智な軍人の頭脳の中で息をふきかえし、それがおどろくべきことに『革命思想』の皮をかぶって軍部を動かし、ついに数百万の国民を死に追いやった。昭和の政治史は幕末よりもはるかに愚劣で、蒙昧であったといえる」

司馬遼太郎の思考は、日本という国家の枠組みのなかに視点が限定されていて、世界史的な座標軸からながめる姿勢が欠落しているのだ。戦争は一国だけでできるものではない。他国との関わりのなかで初めて生じるものである。「日本はなぜあのような馬鹿な戦争をしたのか」という問いをくり返すだけで、「アメリカはなぜ日本と戦ったのか」という問いかけはほぼ皆無である。本章の「アメリカはなぜあの戦争を日本に仕掛けたのか」というテーマは、司馬のこのような歴史認識の誤りを明らかにするためのものだ。

司馬史観の原点にある「昭和の破滅の大本にあるものは、大正時代からじわじわとあらわれ始めていたが、もうちょっとさかのぼれば、日露戦争の勝利のときが始まりだった」という考え方。この「日露戦争の勝利のとき」になにがあったのか？　それは司馬によれば陸軍参謀本部という異様な集団が権力を握り始め、魔法の森の支配者になったことを指している。だがそれとは別に、司馬はもう一つのある重大なできごとを暗示している。それはハリマン提案である。これは司馬だけでなく、今日の日本で非常に多くの識者たちが指摘していることであるが。それではこのハリマン提案とはそもそもいかなるものだったか、それをこれからみていこう。

小村はなぜハリマン提案を白紙に戻したのか

日露戦争で日本が得た最大の収穫は、ハルビン・旅順間の鉄道だった。いわゆる南満州鉄道である。だがこれは当時、経済的にはまったく採算がとれないものだった。満鉄は満州の奥地と海への出口の旅順を結ぶ唯一の大動脈だったとはいえ、当時の満州は人口希薄な未開地で、商業的な価値はほとんどなかったのである。ロシアは賠償金を払わなかったため、20億円（現在の価値で40兆円）の戦費を大部分外国からの借金でまかなった日本の国家財政はパンク寸前だった。

そこにアメリカから持ちこまれたのがハリマン提案である。ハリマンはアメリカでも指折りの大富豪の鉄道王だった。アメリカが金を出すから、満鉄を日米で共同経営しようというのだ。ハリマンはアメリカ大陸横断鉄道と太平洋横断航路をすでに保有しており、このルートを満鉄とつなぎ、さらにシベリア鉄道も買収してそれに続くヨーロッパの鉄道も手に入れ、大西洋の航路でアメリカと連結する、というまことにスケールの大きな計画を夢見ていた。彼が社長を務めるグレート・ノーザン鉄道で、地球一周のルートを構築しようとしたのだ。

このハリマン提案に日本の政財界は朝野をあげて大乗り気になった。日露戦争で戦費を使い果たして借金まみれの日本からみれば、ハリマンが提案する莫大な資金は、あたかも日照りのあとの恵みの雨のように思えたことだろう。日本政府中枢はハリマン提案に同意する覚書を、日本訪問中だったハリマンに手渡した。ところがその直後、ポーツマス会談から帰国した小村寿太郎はこれを聞いて激怒し、命がけで抵抗し、ついにハリマン提案を白紙にもどして破棄させてしまったのである。小村の考えていたことはなんだったのだろうか？

彼は次のような構想を抱いていた。日露戦争で日本の得たものはほとんどなにもない。外国からの借金まみれになりながら唯一得たのは、南満州の鉄道だけだ。それすらも目先の金に目がくらんでアメリカに売り渡すようでは、戦死した10万の兵士たちになんの顔向けができるのか。日本がロシアと戦ったのは、その南進を防ぎ、大陸に足がかりを得て日本の防衛線を構築するためではなかったか。その拠点を得たいま、全力をあげてその目的のために邁進すべきではないのか。満鉄そのものは商業ベースの採算はとれないかもしれぬが、国家ぐるみで歯をくいしばってでもこれを死守することにより、数十年後に満鉄は日本の大陸経営の中枢になるだろう。これが小村の本音だった。

小村寿太郎の考えの根底にあるのは、満鉄経営は採算を度外視してでも、国家ぐるみでこれをバックアップしなければならない、というものだった。そしてこれは明治維新後の日本の選んだ、富国強兵・独立自存の国家方針とも合致するものだったのである。そのためにこそ日本は日清戦争を戦い、日露戦争を戦ったのだ。大陸に拠点を築くことで高度国防国家を建設する。これは19世紀後半、ヨーロッパの勢力が東アジアに進出してくるという時代背景のなかで、日本が選んだ国家戦略であり、この国家戦略のコースをあともどりすることは不可能だった。日本はこの既定の国家戦略のコースにそって歩み続けるしかなかったのだ。

児玉源太郎大将も小村と同じ考えだった。児玉といえば「智謀湧くがごとし」と称えられ、日本陸軍史上石原莞爾と並ぶ最高の天才とうたわれ、陸軍参謀総長にまで上りつめた人物である。彼は単に軍人としてだけでなく、経世家としても抜群の能力をもち、台湾総督時代にはその優れた統治政策で、台湾発展の基礎をつくることに成功していた。まさに陸軍参謀本部を象徴する人物である。その児玉が日露戦争の真っ最中にイギリス東インド会社の研究に着手し、これを手本にしながら、国策会社としての株式会社満鉄の構想を練りあげていたのである。満鉄は児玉源太郎と小村寿太郎の頭脳から生みだされたものだった。そして満鉄はその二十数年後の満州国建国とともに、黄金時代を迎えることになるのである。

満州を巡る日米の戦いが起こった?

ここで一つの仮定として、もし日本がアメリカのハリマン提案を受け入れていたとしたら、その後の歴史はどうなっていたか、を考えてみよう。最近よく耳にする議論だが、「日本の歴史の曲がり角だったハリマン提案」などという意見を展開する人がいる。彼らによると、もし日本がハリマン提案を受け入れていたとしたら、のちの日米戦争は起こらなかっただろう、というのである。アメリカからの潤沢な資金提供により日本の経済もうるおい、満州の共同経営によって日米友好も促進する。そしてなによりもアメリカの強大な軍事力の存在が、北のロシアに対する圧力になり、日米はともに力を合わせて対ロシア、それに対中国もふくめて軍事同盟のパートナーになれた。経済と軍事の両面で日本はバラ色の道を歩むことができていた、というのである。

これは歴史の「たら、れば」議論というものである。もしあのときこうしていたらとか、もしあのときああやっていればとかいう、仮定の話としては面白いが、およそ現実味のない仮定である。このような議論は、戦後80年続いている現在の日米同盟関係を念頭においているのかもしれない。しかし現在の日米同盟関係は、日米戦争の大変な悲劇の結果日本に無理矢理おしつけられた、アメリカによる日本の軍事支配である。20世紀初頭の時代において、日本とアメリカによる満州の共同開発など、帝国主義がせめぎあっていた当時のアジアでできるわけがない。しかも資金はアメリカが出すのだから、日本はアメリカに主導権をとられ、片すみに追いやられてしまうだろう。アメリカはロシアよりも厄介な存在になり、満州をめぐる日米の戦いが起きていた可能性もある。

当時のアメリカが東アジアの市場をいかに虎視眈々とねらっていたか。東アジアをめぐる列強の植民地獲得競争に遅れて参入してきたアメリカは、なんとか足場をつくろうと必死だった。日露戦争でアメリカが日本を応援したのも、日本をうまく利用しようとした面もあるのだ。当時のアメリカは西へ西へとフロンティアを征服して太平洋に到達したとき、次のさらなる目標は、広大な太平洋を越えて極東に進出することだった。そのためにとった手段は砲艦外交ともいえるあくどいもので、スペインからフィリピンを奪い、ハワイをむりやり併合し、なりふりかまわない力ずくのやり方だった。

太平洋に浮かぶ独立王国だったハワイがアメリカに併合された亡国の悲劇は、日本にとっても他人事でなかった。このときハワイは最後の頼みの綱として日本を頼ってきたのである。ハワイの王族の娘を日本の皇室と縁組みさせ、日本と同盟関係を結び、その力を背景に、アメリカに対抗して独立を維持しようとしたのだ。当時の日本は、明治維新後の近代化でめざましい発展をとげつつあったとはいえ、アメリカに対抗できる力などまだあるはずもなく、結局この日本・ハワイの同盟構想は実現しなかった。

このハワイ亡国の悲劇は、19世紀末の帝国主義の実態をまざまざと物語っている。そこには力と力がぶつかりあって決着をつける以外のなにものもなかった。これが当時の世界の現実だったのである。

のちに日米交渉でアメリカが日本を経済封鎖で追いつめ、最終的にハル・ノートを突きつけて日本を戦争に追いこんでいったやり方をみても、アメリカは目的のために手段を選ばない国である。ひとたび感情が高ぶれば、アメリカほど激怒しやすい国民はいないのだ。もし日本がハリマン提案を受け入れていれば、その直後日米戦争が起きていた可能性は十分ある。こうしてみると小村と児玉が断固としてハリマン提案を撤回させたのは、日本とアメリカの戦争を未然に防いだともいえるのだ。

こうしてみると「ハリマン提案を受け入れていればその後の日本の歴史は変わっていた」などという議論は、「明治維新のときに日本は富国強兵・欧米的近代化の道を選ばず、世界の争いにも巻きこまれず、アジアの片すみで農業国として静かに平和に生きていればよかった」という議論とほとんど変わらないことがおわかりだろう。日本がもし明治維新のときにそういう選択をしていれば、日本は19世紀の李氏朝鮮末期のような状況になっていただろう、ということは大いに考えられる。

「後世のあと知恵による解釈」の誤り

われわれは今日のわれわれの価値観でもって、過去の人々の生きてきた歴史を裁いてはならない。それは後世のあと知恵による解釈である。過去のある一時期に生きた人々の視点に立って、歴史をとらえていかなければならない。これが歴史に生きるということなのだ。

この「後世のあと知恵による解釈」ということについて、福田恆存は肺腑をえぐるような指摘をしている。司馬史観の誤りと矛盾を理解する上でこれは非常に重要なので、次にそれを紹介しよう。

「歴史家がもっとも自戒せねばならぬことは、過去に対する現在の優位である。現在に集中する一本の道を現在から見はるかし、ああすればよかった、こうすればよかったと論じるくらい愚かなことはない。ことに戦史ともなれば人々はとかくそういう誘惑にかられる。日本海大海戦におけるT字戦法も、失敗すれば東郷元帥・秋山参謀愚将論になるだろう。だが当事者はすべて博打を打っていたのである。丁と出るか半と出るか、一寸先は闇だった。それを現在の『見える目』で裁いてはならない。歴史家は当事者と同じ『見えぬ目』をまず持たねばならない。合い鍵をもって矛盾を解決した歴史、というものにほとほと愛想をつかしている私が、司馬遼太郎のあまりにも合理主義的で筋道立った歴史の解釈に、一言文句をつけざるを得なくなったゆえんである」

この福田恆存の指摘のごとく、歴史のありとあらゆる局面において、丁と出るか半と出るか、一寸先は闇なのだ。日本が大東亜戦争の破局に追いこまれていった時代背景はまさに、世界経済恐慌、満州事変、5・15事件、国際連盟脱退、2・26事件、西安事件、シナ事変、第2次世界大戦、と世界を揺るがした大事件が立て続けに起きていた。あのような緊迫した状況のなかで、明日の世界情勢がどうなるのか、正確に読むことは誰もできなかった。当時の日本人は不安にさいなまれながら、未来への見通しと足がかりをつかもうとして必死で模索していたのだ。

日本は世界のなかでどうすれば生き残ることができるか、ということについて、国民は自分自身の問題として、真正面から真剣に向き合っていた。彼らは自分の運命を自分で自覚していた。少なくとも自分自身の頭で主体的にものを考えていた。結果的に日本を破局に導いた大東亜戦争は、あくまでも彼らが自分で考え、自分で決断し、自分で行動した結果である。彼らは自分で自分の行為とその結果に責任を持っていた。戦後、主権国家であることをみずから放棄し、アメリカの保護のもとに自己主張も自己責任も放棄し、自分自身の頭でものを考えることをしなくなってしまった現在の日本人とは大違いである。

アメリカはなぜ日本と戦ったのか？　いやそもそもアメリカはなぜ第2次世界大戦に参戦してきたのか？　大東亜戦争もふくめた第2次世界大戦に、アメリカが国をあげて参入してきた理由は、考えれば考えるほど謎が深まるばかりである。少なくとも当時の極東でアメリカの持つ権益は微々たるもので、日本との利害の対立はほぼゼロに近かった。そして日本とドイツを倒したあと、アメリカはなにを得たのか。中国大陸は共産化し、東欧は共産ソ連の支配下となり、その後の共産主義の浸透はとどまらず、世界政治はかえって混乱してしまった。

結果的には軍需産業でアメリカは大恐慌を完全に克服できたが、これはあくまでも結果論で、それが目的でアメリカが意図的に参戦した、というのはうがちすぎだろう。ルーズベルトは不戦を選挙公約にかかげて当選したのであり、当時のアメリカの世論は圧倒的に戦争反対だったのだから。

20世紀のアメリカ・宗教国家の匂い

アメリカはまるで、大金持ちの暇をもてあました青年がスポーツに没頭するように、第2次世界大戦をリードした。このため日本とドイツはアメリカにさんざんにたたきつぶされたが、迷惑をこうむったのは日本とドイツだけではない。このような国家は現実的な利害観念の外交感覚でなく、独りよがりの善意で迫ってくるので、適切に対応できない。イギリスやフランスなどの列強は、いかに老獪でずる賢いとはいえ、その外交政策は現実的な利害感覚が基盤にあるので、日本としてはまだ対応しやすい。

だが20世紀におけるアメリカの外交政策をみていると、そこに一種の神権政治、宗教国家の匂いを感じるのは、単なる錯覚といってしまってよいだろうか。ホーソンの『緋文字』は、濃密なキリスト教信仰のたちこめる17世紀北米ニューイングランドの清教徒の社会を、鬼気迫る筆致で描きだしている。

その強烈な改革者的情熱。自分の信条のみが善で、それに反する他人の行動をすべて悪と決めつける。そのようなアメリカの対日政策が日本国民の感情を害し、軍部の台頭をうながしたのだ。日米交渉でルーズベルトとハルは、現実を無視した、日本の呑めない原則論に頑強に固執し続けたが、日米交渉が破綻した原因の一つは、アメリカのこのような非妥協的態度だったのである。

アメリカは極東における日本との最大の争点だった、中国大陸の門戸開放、機会均等を達成できたか？　答えはノーである。これこそがアメリカにとって、日米戦争の最大の目的だったはずなのに。アメリカは蔣介石の国民党政権に天真爛漫な幻想を抱き、莫大な援助を行って抗日戦をあおったが、さすがに戦争末期になるとそのでたらめな実態に愛想をつかし、今度は逆に毛沢東を美化し始める。戦後の国共内戦にも介入せずに放置し、中国大陸は共産化してしまった。

その魔手が朝鮮半島に及んできて、アメリカはようやく事の重大さに気づいたが、これまた3年におよぶ朝鮮戦争の悲劇が起きてしまった。なんのことはない。アメリカは結局、戦前の極東で日本が果たしていた反共の砦の役割を、みずから背負いこんだだけなのだ。これでは日本はいったいなんのために、国家の命運をかけてアメリカと戦わなければならなかったのか、わけがわからなくなってしまう。

戦後日本を占領統治したマッカーサーは、１９５１年アメリカ上院議会ではっきり次のように証言している。

「日本が戦争にかりたてられたのは、主に安全保障上の理由からだった。日本がアメリカとの戦争に踏みきったのは正当な理由がある。日本は決してみずから侵略戦争をしかけたのではない。太平洋戦争は日本にとって、自衛戦争以外のなにものでもなかった」

これが太平洋で日本軍との戦いの最前線に立ち、戦後ＧＨＱ司令官として日本で最高権力者の座に君臨し、東京裁判の責任者だったマッカーサーの発言なのである。彼は戦後数年間におよぶ日本での体験と、世界情勢の激変を目の当たりにして、日米戦争の真実を悟ったのだ。「公論は敵讐より出ずるにしかず」ということわざがある。戦後、司馬史観を筆頭とする自虐史観に呪縛され続けてきたわれわれは、いまこそこのマッカーサーの言葉を、金鉄の重みとして受けとめるべきだろう。

アメリカはなぜ日本に戦争をしかけてきたのか？　あの当時、軍部もふくめてまともな日本人で、アメリカとの戦争を望んでいる者など皆無だった。アメリカとだけは戦ってはならない。アメリカと戦えば１００％負ける。アメリカに対してはどんなに譲歩してでも、戦争を回避しなければならない。これは当時の日本で、大人から子供まですべての国民の共通認識だった。それならばこそ日本はハル・ノートを突きつけられるまでの半年間、平和への最後の望みをかけて日米交渉に必死ですがりついたのだ。だがルーズベルトの腹はもう決まっていて、日米交渉をずるずると引きのばしながら、戦争準備のための時間かせぎをしていたのである。

コミンテルンの世界共産化戦略の凄さ

ここでひとつの示唆を与えてくれるのは、コミンテルンが展開した世界共産化戦略である。コミンテルンの指導のもとに世界各国の共産党は、その国の支配層・インテリ層に浸透し、国家政策に影響を及ぼしていた。インテリほどマルクス主義に影響されやすい、というのは世界各国共通のようだ。ルーズベルト周辺の側近・ブレーンのなかには、マルクス主義者たちがたくさん潜入していた。

アルジャー・ヒスは、ハーバード大学を主席で卒業した弁護士で、ルーズベルトに登用抜擢されて頭角を現した。彼の政策は明らかに左翼的だったが、当時のホワイトハウスの空気はソ連礼賛論で満ちていたため、彼の行動が特に目立つことはなかった。ところが戦後1948年、当時タイム誌の幹部だったチェンバースが、ソ連のスパイだったことを告白し、アメリカ政府上層部にも共産主義者がたくさん潜入していることを暴露したのである。彼はヒスから直接政府の機密書類を手に入れ、それをソ連の工作員にわたしていた。

帝国主義列強同士をたがいに戦わせ、その矛先をソ連に向けさせない、というコミンテルンの世界戦略は着々と実を結び、スターリンは濡れ手に粟で、無傷のまま漁夫の利を得られるはずだった。大誤算が生じたのは、ドイツが不可侵条約を破ってソ連に攻めこんだときである。このとき日本が北進してソ連を攻撃していれば、20世紀における共産主義の悲劇はこの時点で終わっていたはずだった。日本の北進の決意を鈍らせたのは、その2年前のノモンハン事件で、日本が「負けた」と錯覚したことである。

数度にわたる5カ年計画を達成し、わずか20年で西側先進国と並ぶ大工業国になった、というのが当時の共産ソ連の幻影だった。そしてこのような幻影と幻想を、世界中の多くのインテリたちが信じこまされてしまったのである。これは当時のソ連が神秘と秘密のベールに包まれていて、その実態が外部に伝わらなかったからだ。実際のソ連は、強制収容所の政治犯による人海戦術の奴隷労働に依存した、技術と効率無視の、奴隷制国家だったにもかかわらずである。

このような幻想からさめるのに、われわれはソ連崩壊まで待たなければならなかった。それにしてもそれまでに、なんと多くの人命とエネルギーと時間が費やされたことだろうか。そしてなんと多くの悲劇が生まれ、血の涙が流されたことだろうか。

アメリカは軍拡競争でソ連を自滅に追いこみ、唯一の超大国として一人勝ちした。このアメリカのような現代のリバイアサンとでもいうべき、怪物のような国家が20世紀に出現したということ、このような国家と同時代に生まれあわせたということが、現代に生きるわれわれの逃れられない宿命なのである。

広大な国土、快適な気候、肥沃な耕地、無尽蔵の資源。これらを有効に活用できる社会体制。その恵まれた地理的条件。太平洋と大西洋という二つの広大な大洋が阻んでいるので、他の国からアメリカに攻めていくのは至難の業だが、アメリカがその気になりさえすれば、その物量と大艦隊にものをいわせてヨーロッパや極東に侵攻できる。このような「怪物」を味方につけることができず、心ならずも敵にまわして全面戦争しなければならなくなったことが、日本とドイツにふりかかった悲劇だったのである。

それでは次に東京裁判の問題をとりあげてみよう。司馬史観は東京裁判史観に大きく影響されていた。いや影響されていたというよりも、司馬史観そのものが東京裁判史観をそっくり踏襲し、その主張をそのままなぞっていたのだ、とみなすこともできる。司馬は『「昭和」という国家』のなかで、「国家をたぶらかした人びとに占領されていた日本が戦争に敗れたあと、日本にやってきた占領軍は偉大な文明をもたらし、日本を明るい光で照らし、魔法の森の占領者たちを追放してくれた」と主張する。

これをみるかぎり、司馬は占領軍を、日本を救ってくれた解放軍とみなしていることがよくわかる。その司馬にとって、連合国が日本を裁いた東京裁判は、善が悪を裁いてくれた正義の裁判であった。

それではこの東京裁判の大まかな流れをみていこう。連合国が日本を断罪するのに用いた法理論は「平和に対する罪」だった。平和に対する罪とは、日本の軍部や指導層が世界の侵略と征服を企て、共同謀議によって侵略戦争を引き起こしたというものである。このような理論が法律的にまったくのナンセンスであることは、一目瞭然だ。そもそも国際法の分野では、なにをもって侵略とみなすか、なにをもって自衛とみなすか、などという世界共通の基準など存在しない。自衛戦争は主権国家の固有の権限であり、自衛戦争か否かの判断は、当の主権国家しかできないのである。連合国がドイツと日本を「平和に対する罪」で裁こうとすれば、ドイツと日本からたちどころに、次のような反論が返ってくるだろう。

ドイツは次のように主張するに違いない。

「ドイツにとって第2次世界大戦とは、その前の大戦でフランスに奪われたアルザス・ロレーヌをとりもどし、東部国境地帯におけるドイツの権益を回復するための自衛戦争だった」

日本は次のように主張するに違いない。

「日本にとって大東亜戦争とは、満州国の独立を確保し、日本が大陸に有していた権益を守るための自存自衛の戦いだった。さらにまた東アジアを欧米の植民地から解放して、アジア人によるアジアを実現するための解放戦争だった」

連合国がドイツに適用しようとした「平和に対する罪」は、ドイツ側弁護団から猛反撃をくらい、大幅に撤回せざるを得なかった。当然のことである。結局ドイツに適用された主な罪は、ユダヤ人大迫害を理由とする「人道に対する罪」だった。ドイツを重点的に裁く理由がこれ以外になかったのである。

それに対して東京裁判はどうだったか？　連合国は「平和に対する罪」を日本に適用した。あのナチスドイツに対してすら、全面的には適用できなかった侵略戦争の罪を、日本に押しつけたのである。その訴因は次のようなものだった。

「日本の28名の被告が、１９２８～45年まで17年間にわたって全面的共同謀議をおこない、侵略戦争を計画し、準備し、実行した」

事実無根の根も葉もないでたらめである。28名の被告の半分近くが、それまで面識もなければ言葉をかわしたこともないのだ。会ったことも話したこともない人間とどうやって謀議するのか？　共同謀議など成り立つはずがない。にもかかわらず連合国は、ありもしない「平和に対する罪」、すなわち侵略戦争罪で日本を断罪したのである。

これに対して日本の弁護団はドイツの弁護団と同じことを訴えたが却下された。その結果ドイツと日本の判決に微妙なズレが生じた。ドイツは侵略戦争罪そのものは裁かれていないのに、日本だけが侵略戦争、つまり戦争犯罪国家の烙印をおされてしまったのだ。

連合国はドイツと比べて日本を、その断罪のしかたで差別したとしか思えない。そこにあるのは有色人種への差別意識ではなかったか。有色人種のなかで唯一白人列強諸国の仲間入りをしてきた日本が、二度と彼らに歯向かってこないように、そして二度とまともな国家として復活しないようにするためではなかったか。日本の降伏寸前、その必要もないのにアメリカが2発の原爆を落としたのは、有色人種に対する見せしめではなかったか。

司馬遼太郎を筆頭に、このような差別意識にもとづいた東京裁判の判決をありがたく押しいただき、戦後80年も後生大事に守り続けている日本国民のお人好しぶりには、いささか同情しないでもない。すでに制度疲労を起こして目の前の現実に対応できなくなっている憲法を、後生大事に守り続けているのだから。

軍隊を放棄し主権を失った日本

司馬はアメリカ軍による日本占領を「世のなかが開け、太陽が出てきたように明るく暖かくなった。この占領はまちがっていなかった」と指摘する。もちろんサンフランシスコ講和条約で日本が独立を回復するまで、7年間続いたアメリカ軍の占領統治が、まったくのマイナスだったわけではない。司馬が指摘するように、占領軍による大改造は、日本の社会を大きく発展させたプラス面も少なからずあった。それでは次にそれをみていこう。

マッカーサーとともに来日したアメリカ軍の政策担当者たちは、ニューディーラーと呼ばれる。大恐慌のときにアメリカで実施されたニューディールは、支配層の抵抗であまり効果はなかった。ニューディーラーたちはその政策を、敗戦の日本を舞台に思う存分実行したのである。日本はまな板の上の鯉でいっさい抵抗できず、されるがままだった。日本を実験台にして、本国のアメリカでは十分発揮できなかった社会主義的政策を、思う存分やりたい放題実行できたのだから、彼らにとってこれほど面白くてやりがいのある、新たな国造りはなかっただろう。

彼らは次のような大改革をおこなった。①農地解放、②財閥解体、③軍閥解体である。この三つのいずれも、通常の国会を通じての政治では実現不可能な、革命や内乱でも起きないかぎり実行できないものばかりだ。戦後の憲法学をリードした東大教授の宮沢俊義がいみじくも指摘した、まさに「8・15革命説」である。

①の農地解放は、戦前の日本の最大の社会問題といわれた農村問題を一気に解決した。ただでさえ狭い日本の農地にしばりつけられていた戦前の多くの小作農民が、どれほどの貧困にあえいでいたことか。その彼らがほんのわずかの農地でも自分のものになったことによって、米の飯が腹いっぱい食えるようになったのである。農地解放された戦後の農村がどれほど明るくなったことか。

②の財閥解体は、財閥といってもいまの若者たちにはピンとこないかもしれぬが、戦前の日本の富は財閥が独占していた。その筆頭の三井財閥の財力は皇室財産をもしのぐといわれたほどである。その財閥が解体されたことによって、多くの中小企業が力をつけ、日本経済は飛躍的に活性化した。今日の日本経済の強みは、この中小企業の力によるものである。

③の軍閥解体は、これを自分の国でやろうとしても、武器を持つ軍隊が従うはずはない。最初から実現不可能なことである。

この三つの改革は占領軍の有無をいわさぬ鶴の一声で、なんの抵抗もなくスムーズに行われた。司馬遼太郎が「アメリカが日本を占領して、世の中が開けたような、太陽が出てきたような、暖かくなった感じ」と表現したのは、決して偽りのない彼自身の正直な気持ちだったのだろう。

ただし、戦後7年たった1952年に日本が独立を回復したとき、日本には自分の自由な意思で選択できる二つのフリーハンドがあった。①憲法を改正し自前の軍隊を持ちいわゆる「普通の国」になるか、あるいは②占領軍にそのまま駐留してもらって防衛はすべてアメリカにまかせ日本はただひたすら経済発展に専念するか、である。当時の首相吉田茂は②を選択したので、これを吉田ドクトリンという。

　この吉田ドクトリンを選んだことによって、その後の日本の飛躍的な経済成長への道は開かれた。バブルの絶頂期、日本のGDPは世界全体の18パーセント、アメリカの4分の3にまで迫った。だがこれははたして正しい選択だったのだろうか？

　国家を構成する三大要件は国土、国民、主権である。主権とは別名統治権ともいう。他国に干渉されることなく自分の国を統治する権限である。この権限が侵されたときはそれをはね返すために、武器をとって戦う必要が出てくる。したがって「主権」とは別名「軍隊」といいかえてもよい。日本はこの軍隊を放棄したことによって、国家の三大要件の一つである主権を失ったのである。これはつまり、独立国家であることを日本はみずから否定したことになる。

　その結果はどうなったか。国際社会で自分の意思を主張できず、外交政策はすべてアメリカまかせで、経済政策もふくめた内政ですらアメリカの意向にさからえない。日本はアメリカの51番目の州などと揶揄されるようになってから久しいが、これが単なる冗談でなく、実感をともなっているのが恐ろしい。日本がアメリカから買っている（いや買わされている）1兆ドルの米国債は返ってこないだろう。アメリカも返すつもりなどない。はなから踏み倒すつもりでいる。日本人が汗水垂らして生まれた富がアメリカへ貢がれ、アメリカの赤字を支える。こんな財布代わりのつごうのよい国を、アメリカが手放すはずはない。

　私はさきほど日本はアメリカの51番目の州になったと表現したが、それをもっとも端的に象徴するのが１９８５年のプラザ合意だ。敗戦のどん底から不死鳥のようによみがえった日本は、わずか20年で西ドイツを抜いてＧＮＰ世界２位となった。その日本の勢いはその後もとどまるところを知らず、集中豪雨輸出でアメリカの基幹産業である自動車産業を壊滅させてしまった。恐怖にかられたアメリカはプラザ合意で日本に圧力をかけ、１ドル２５０円を１５０円に有無をいわさず切り上げさせ、日本の輸出攻勢を内需拡大へむりやり方向転換させた。それから生じたのがあの狂乱の不動産バブルであり、その崩壊によって日本経済の失われた30年が始まったのである。

　これが主権、すなわち軍隊を失うということの恐ろしさなのだ。これが国民が国家の意思を失うということの恐ろしさなのだ。主権、すなわち軍事力の裏づけのない国家は、たとえ一時的に経済が繁栄したとしても、長い目で見れば最後は必ず衰亡していく。これは歴史の教える真実である。

拉致の問題を考えてほしい。多くの国民が拉致されながら日本政府はなにもせずに放置している。拉致はアメリカにまかせておけば解決するのか？　とんでもない。自分の国の国民を自分で救う努力をしない国に、アメリカが本気で協力するはずがない。

尖閣の問題を考えてほしい。領海侵犯をくり返す中国の漁船や武装警備艇に対して、日本はただ警告するだけで実力行使しない。相手を刺激して国際問題になるのを恐れているのだ。その結果、両国の船が尖閣の海に入り乱れて共存する、という状態がいつしか既成事実になってしまった。中国は日本の出方をじっとみている。日本が強く出てこないだろうと最終的に判断したとき、中国はある日突然尖閣に上陸して領有を宣言するだろう。アメリカにまかせておけば尖閣は守れるのか？　とんでもない。自分の領土を自分で守ろうとしない国に、たとえ同盟国でも誰が力をかすか。アメリカもまた日本の出方をじっとみているのだ。

「人間の命は地球より重い」という珍言

東京裁判史観の信奉者の司馬遼太郎がかつて語った言葉で、こうなることを予感させるような発言がある。「はじめに」でもとりあげたが、重要なことなのでくり返しそれを次に紹介しよう。

１９６９年『文藝春秋』12月号で梅棹忠夫と対談したときの発言である。

「戦争をしかけられたらどうするか。すぐに降伏すればいいんです。戦争をやれば百万人は死ぬでしょう。レジスタンスをやれば十万人は死にます。それより無抵抗で、ハイ持てるだけ持っていって下さい。向こうが占領して住みついたらこれに同化してしまうがよい。それくらい柔軟な社会を作るのが、われわれの社会の目的じゃないですか」

読者諸氏は信じられるだろうか。これが国民作家といわれる司馬遼太郎の正体なのである。これが合理主義的といわれる司馬史観の実態なのである。司馬遼太郎という作家の神髄は「もうかりまっか」という言葉に象徴される大阪商人の典型だ、と評した人がいるが、まさしく言い得て妙である。そして司馬のこの発言はまさしくそのまま、第四章で紹介する村上春樹の発想につながるものである。すなわち『海辺のカフカ』で展開されている、非戦・反戦・兵役拒否の念仏平和主義である。

私は司馬遼太郎のこの発言をみるにつけても、いまから半世紀以上も前、三島由紀夫が残した言葉を思いださずにはいられない。彼が自決する数カ月前、1970年7月7日の産経新聞夕刊に掲載された三島の論説「果たし得ていない約束――私の中の二十五年」の一部を次に紹介しよう。

「私はこれからの日本に大して希望をつなぐことができない。このまま行ったら『日本』はなくなってしまうのではないかという感を日ましに深くする。日本はなくなって、その代わりに、無機的な、からっぽな、ニュートラルな、中間色の、富裕な、抜目がない、ある経済的大国が極東の一角に残るのであろう。それでもいいと思っている人たちと、私は口をきく気にもなれなくなっているのである」

三島がこの言葉をのこして自決してから五十数年たったいま、日本の国のあり方をみていると、彼の予言は不気味なまでの千里眼で的中しつつあるように思えてならない。
三島が死して7年後の1977年9月末に起きた、日本赤軍によるダッカ空港ハイジャック事件を紹介しよう。日本赤軍にハイジャックされた日航機がダッカ空港に強制着陸させられ、乗客百数十名が人質になった。犯人は日本で服役中の日本赤軍の同志やその他の政治犯、刑事犯9名の釈放と600万ドル（当時のレートで18億円）の身代金を要求し、人質の処刑をほのめかしながら日本政府を恫喝してきた。

これに屈した福田赳夫首相は「人間の命は地球より重い」という珍言（迷言）を発して、犯人の要求をそのまま受けいれてしまったのである。これに対して世界中から非難の声が轟々と上がり、「日本はハイジャックまで輸出するつもりか！」などといった論調が世界のマスコミをおおった。「集中豪雨輸出」とまで表現された、当時の日本のすさまじい経済発展と結びつけて皮肉った表現である。世界の国々が命をかけて協力しながらハイジャック防止にとりくんでいるなか、日本政府がおこなったこの札束による解決は、世界の嘲笑の的になった。

北朝鮮工作員による横田めぐみさんの拉致が起きたのは、その2カ月後のことである。それを皮切りに、北朝鮮による日本人拉致がその後集中的に起こり始めた。北朝鮮はハイジャックに対する日本政府の対応を見ていて、日本という国の足元をしっかりみてしまったのである。国家にしても人間にしても、相手からなめられてしまったらおしまいなのである。

ダッカ空港ハイジャック事件のわずか2週間後に起きた、ルフトハンザ航空機ハイジャック事件を紹介しよう。ドイツ赤軍と共闘するパレスチナ解放人民戦線にハイジャックされた西ドイツのルフトハンザ航空機が、ソマリアのモガディシュ空港に着陸した。犯人は西ドイツの刑務所に収容されていたドイツ赤軍11名の釈放と身代金1500万ドル（当時のレートで45億円）を要求してきた。しかし西ドイツ政府は応じず、対テロ特殊部隊（第9国境警備隊）が機内に突入してわずか5分で犯人3人を射殺・制圧し、乗客全員を無事救出したのである。これに対して世界中から「さすがドイツだ。大したものだ」と畏敬と絶賛の声があがった。

このルフトハンザ機ハイジャック事件を生じさせた原因は、その2週間前のダッカ空港事件で日本政府がおこなった、札束解決が引き金になったことはまちがいない。日本政府も世界に大恥をさらしたものだが、三島由紀夫の遺した憂国の言葉は現実のものとなりはじめたのである。

日本海軍指導者が負うべき敗戦責任

司馬遼太郎が東京裁判史観の信奉者であり、この裁判こそが「魔法の森の占領者」から日本を救い出してくれた、と信じこんでいることについては、これまで再三にわたって述べてきた。しかし東京裁判が見せしめの報復劇であり、茶番劇であったことは一目瞭然である。私はこの裁判の誤りと不当性については、いささかも疑うものでない。敵国のおこなった裁判で有罪とされ、処刑されていった戦犯たちについては心から同情するし、彼らは戦場で散っていった戦没者たちと何ら変わることのない戦死者であると思っている。

だが東京裁判は、敵国が一方的に断罪した裁判であったがゆえに、戦犯たちは悲劇の殉教者にまつりあげられ、本来問われるべき罪を免責されてしまったきらいがありはしまいか。その本来問われるべき罪とは、日本国民に対する敗戦責任である。日本国民を敗戦による塗炭の苦しみに追いやったことへの、指導者としての責任である。日本が大東亜戦争に敗れたということは厳然たる事実なのである。多くの国民が悲惨な死をとげ、莫大な国富が失われ、国土は焦土と化した。国民をこのような悲惨な境遇に追いこんだことについて、戦争指導者たちの指導方法と責任があらためてきちんと総括され、問い直されなければならないのである。企業においても、事業に失敗したトップはその経営責任をきびしく追及される。それと同じことだ。

第2次世界大戦は帝国主義列強の生存をかけた角逐であり、勝つか負けるか、ただそれだけの戦争だった。したがって敗戦国が戦勝国から裁かれる理由などなにもないし、ましてや戦勝国に対して謝罪する義務など少しもない。

しかし、ずさんな作戦や拙劣な外交によって国を誤った指導者の、自国民に対する責任は厳然と存在するのである。それなのにわれわれ日本人は、敵国に裁かれた東京裁判の上にあぐらをかいたまま、日本の戦争指導者たちを悲劇の殉教者として免責してしまったのではないか。自分たちの手で彼らの責任を徹底的に追及する、という作業を、これまでうやむやにしてきてしまったのではないか。

「勝者が敗者を裁いた」などといって連合国を非難する人がいる。しかし勝者が敗者を力づくで裁こうとするのはあたりまえのことだ。第2次世界大戦はそれ以前の限定戦争とちがい、全国民をまきこんだ国家総力戦になった。相手の息の根をとめて完全殲滅するところまでエスカレートした。そこには道徳もへったくれもない。力と力の論理しかないのだ。そして負けたほうの側は、正義、理想、といった都合のよい言葉をすべて勝者に奪われてしまうのである。

「大東亜戦争は、アジアの有色人種を白人帝国主義から救いだすために、日本が戦った解放戦争だった。おかげで日本は敗れたとはいえ、アジア諸国は独立した。日本はみずからわが身を滅ぼして仁を成した」などという人がいる。しかしこんな言葉はあとでつけた理屈である。自分の国を滅ぼしてまで他国の利益をはかる馬鹿がどこにいるか。そんなことをする国家指導者がいるとすれば、それは正気の沙汰ではない。

第2次世界大戦後の世界の歴史はたしかに植民地独立の方向へ進んだ。しかしそれはあくまでも結果論であって、それ自体が日本の戦争目的だったわけではない。国家にしても個人にしても基本的にはエゴイズムのかたまりである。原因と結果を、動機と既成事実を混同してはならない。

いかなる戦争であれ、負ける戦争はやってはならないのである。そして負ける戦争を遂行した指導者たちは、理由のいかんを問わず、国民の前で愧死すべきほどの責めを負っているのである。さらにまた同じ負けるにしても、敵に自分以上の犠牲をださせて負けることが大切なのである。その意味において太平洋の戦線における海軍の責任は、今後徹底的に追及されなければならない。東京裁判で死刑になった7人のA級戦犯のなかに海軍は1人もいなかった。だがこれがもしも日本国民自身の手による、敗戦責任を問う戦争裁判をおこなっていたら、海軍指導者のなかから死刑は続出していただろう。山本五十六（戦後も生きていたと仮定すれば）や栗田健男など、国民の手によって八つ裂きにされてもおかしくない。

日本を呪縛するアメリカに対する卑屈感

ドイツは第2次世界大戦で敗れはしたが、独ソ戦線で2500万のソ連国民を倒した。ドイツは敗れたとはいえ、みごとな戦いぶりだった。このような戦い方をしたということが、敗戦後のドイツ国民の矜持にもつながっているのだ。日本よりもはるかに困難な、敗戦後の四面楚歌のどん底状態からドイツ国民は復活し、東西統合と憲法改正を達成し、独立国家の誇りをとりもどした。

ナチスのおこなった巨悪ともいうべき国家犯罪については、ドイツ自体がいっさい反論を許されない立場におかれているため（現在ドイツ国内でナチスを少しでも弁護すると法律で罰せられる）、これまで世界中であまりにも誇張され、粉飾され、喧伝され続けてきた。ナチスがおこなった（とされている）残虐行為について、少しでも疑問を表明しようものなら、たちどころにそれが抑えこまれてしまう、ある種の力が世界を支配していることを、読者諸氏はご存じであろう。

考えてみればドイツも気の毒な国である。戦争に負けるということは、これほどまでの重荷と屈辱を背負いこまされるものなのだろうか。もしもドイツが仮に、やってもいないことまでやったと非難されているとしたら、彼らの悔しさたるや、日本の南京問題や慰安婦問題や徴用工問題どころではないだろう。

だがドイツ国民は表向きはじっと沈黙をまもりながら、心の底ではひそかに信じているはずだ。将来いつかはわからぬが、過度におとしめられ歪曲されてきた自国の歴史が、地道で冷静な歴史研究によって修正される日の来るであろうことを。現にナチスの大迫害で亡くなったユダヤ人の数についても、第2次世界大戦終了直後は６００万人という数字が、世界のマスコミを独り歩きしていた。この数字はその後徐々に修正され、現在ではユダヤの本家本元のイスラエルにおいてさえ、１００万人に下方修正されている。いや、これでもまだ多すぎる、実際にはどんなに多く見積もっても30万人以下だ、という新説も最近登場してきている。歴史というのはこのごとくに、絶えざる見直しによって日々変わっていくものなのだ。

皮肉なことにナチスのユダヤ大迫害が起きるまで、ヨーロッパのなかで迫害がもっとも少なかった国はドイツだったのだ。ユダヤに対する差別と迫害はドイツだけでなく、ヨーロッパのすべての国が共通に抱えている負い目である。なかでも最大の迫害をしてきたのはロシアだった。たまたまナチスがユダヤに対するあのような巨悪をおこなったため、ユダヤ迫害の象徴としてドイツがスケープゴートにされてしまった。

ロシアでは16世紀イワン雷帝の時代に何千人というユダヤ人を川岸に立たせ、一斉に突き落として溺死させる、などというナチス顔負けの蛮行がおこなわれている。20世紀になってスターリン政権下の共産ソ連においてさえ、ユダヤ人への迫害があまりにもひどいので、世界中のユダヤ系の富豪が協力してスターリンに一大献金をおこない、迫害をやめてくれるよう働きかけようとしたくらいである。

ポーランドのアウシュビッツといえば、ユダヤ人強制収容所の跡地として世界的に有名で、ナチスによるユダヤ大迫害を象徴する記念碑として、世界中から多くの観光客が訪れている。しかしそこにある毒ガス室は、第2次世界大戦末期にドイツ軍を追撃しながらここを占領したソ連軍が、戦後になってから伝聞証拠をもとに建造したレプリカ（模型）である。毒ガス室の告発は戦後になってソ連の占領地域から出てきたもので、西側の連合諸国が占領した地域からはそのようなものはまったく出てきていない。カチンの森虐殺事件にみられるように、あらゆる自国の犯罪を他者になすりつけてしまおうとするのは、伝統的にソ連の常套手段だった。

ナチスの領袖ゲーリングは、ニュルンベルク裁判で自分に死刑を宣告したソ連の判事に向かって、不敵な笑みを浮かべ、相手を指さしながら、「お前はいま、こうやって俺に死刑を言い渡した。だが思い上がるな。歴史はいつの日かおまえたちに審判を下し、おまえたちが滅ぶときがやってくるぞ」と威嚇するように叫んだという（ゲーリングのこの予言は、その四十数年後のソ連崩壊で的中することになった）。その鬼気迫る形相に圧倒され、一瞬恐怖に凍りついたソ連軍の警備兵たちは、思わず腰のピストルに手をあてて、ゲーリングを制しようとしたほどだったという。

これが東京裁判ではどうだったか。日本人戦犯の多くが、自分に有罪を宣告した裁判官に向かって、頭を軽く下げ一礼したという。それを見ていた外国人たちは「日本人というのは卑屈な民族だ」という印象を抱いたらしい。太平洋の戦場で日本軍がアメリカ軍に一方的になぶり殺しにされた記憶が、このような卑屈な態度をとらせたのだ。本来ならもっと効率的に戦って、敵により多くの犠牲をださせて負けることができていたはずなのに。

このアメリカに対する卑屈感はいまなお日本を呪縛している。その象徴が先ほど紹介した司馬遼太郎の「戦争をしかけられたらどうするか。すぐに降伏すればいいんです。向こうが占領して住みついたら無抵抗でこれに同化してしまうがよい」という言葉である。日本はこれまで、アメリカの保護のもとに国家としての意思をもたず、アメリカ軍に国土を占領してもらう形でぬくぬくと生きてきた。

アメリカの国土は戦場にならなかったので無傷で残り、第2次世界大戦が終わったとき、そのGDPは世界全体の50パーセントを超えていた。この時期ならアメリカ一国で全世界を敵にまわして戦争しても楽に勝てただろう。だからこそアメリカが現代のローマ帝国として、そして世界の警察官として君臨できたのだ。しかしそのアメリカのGDPもいまや世界全体の24パーセントまで半減し、1位ではあるが、もはや世界全体をコントロールすることはできなくなっている。

だがそのアメリカの衰退は今後、逆に日本人を、「国家とはなにか。自分で自分の国を守るとはどういうことか」という古くて新しい永遠のテーマに、いやがおうでも直面させることになる。その日は必ずやってくる。そのようなことをいっさい考えずに生きてきた戦後の80年間が、本来ならばありえない異常な時代だったのだ。そのXデーはいつ訪れるのだろうか。

第二章
『はだしのゲン』に まどわされた戦後教育

権威の否定で「恨」を解消する作家

司馬遼太郎や半藤一利や五味川純平、ひいては村上春樹にまで共通して流れているのは、ある種の権威に対する否定である。これは彼らだけでなく戦後日本の一般的な風潮である。

司馬は児玉源太郎の人物像を、高度な専門知識をそなえたプロフェッショナルなエリート軍人集団の対極として描いている。児玉は幕末維新の動乱期に貧しい士族の子として生まれ、正規の学校教育など受けたことがなかった。平素ろくに本など読まず、読書といえばたまに講談本を読むくらいだった。

その児玉が日露戦争のときに「智謀湧くがごとし」といった大活躍をし、専門教育を受けた高級軍人が束になってもかなわぬほどの天才ぶりを発揮した、というエピソードを紹介しつつ、「このような人物をみていると、学校教育とははたして何であろうか、という疑問すら湧いてくる」といった、一種の教育批判論すら展開している。

半藤は、昭和陸軍の秀才参謀たちを「愚劣、無責任、無謀、独善、泥縄、手前本位でいい調子、おぞけをふるう巨悪」と罵倒し、世間知らずで机上の空論にふける秀才官僚軍人がいかに組織を誤らせるか、と説いて彼らを諸悪の根源にしている。司馬遼太郎が『坂の上の雲』で、乃木希典と伊地知幸介を悪玉の象徴、児玉源太郎を善玉の象徴にしているとすれば、『ノモンハンの夏』では、乃木と伊地知に匹敵するのが服部卓四郎と辻政信、児玉に匹敵するのが山本五十六だろう。

司馬や半藤のこのような専門家批判の根底にあるのは、昭和の破滅の原因は陸軍のエリート軍人だ、という解釈だ。多感な青年期に国家の解体・崩壊を見た彼らは、その「恨」の解消をある種の権威の否定に求めたのだ。

前章で紹介した司馬遼太郎の「戦争をしかけられたらどうするか。すぐに降伏すればいいんです。向うが占領して住みついたら無抵抗でこれに同化してしまうがよい」という言葉。これはまさに「もうかりまっか」という言葉に象徴される、大阪商人の心情の典型のようにも思えるが、じつは司馬はこれだけでなく、さらに次のような驚くべき発言をしているのだ。1977年に潮出版社で小田実と対談したときの言葉だが、「はじめに」でも述べたがくり返しそれを紹介しよう。

「暴力団つまり国家における軍事を日本に見た場合、滑稽なのは自衛隊です。日本は、平和のための大政略はもつことはできても、戦略は成立しえない国です。なぜなら、その防衛論はウソの上に成り立ち、ウソの大戦を考える。これはフィクションの国家ではないか。まるで昭和前期の国家です。当時それを歴史的に証明したのが、人類史上最大の敗戦ノモンハンであったはず」

読者諸氏は信じられるだろうか。権威を否定する司馬の姿勢は、ここまでくると「病膏肓に入る」の感がある。これが司馬遼太郎という作家の正体なのである。司馬遼太郎ほどの一世を風靡した国民的大作家となると、その存在、発言、作品が、国民の心にどれほど大きな影響をおよぼし、どれほど巨大な影を落とすことか。それははかりしれないものがある。

なにしろ司馬遼太郎の初期の作品『竜馬がゆく』は、この一作だけでなんと2500万冊も売り上げているのだ。日本の全人口の5分の1の数字であり、「各家庭に一冊」という表現がふさわしい。司馬の全作品の総売上部数となると2億冊を超えていて、すべての日本人に配ったとしても、一人あたり2冊弱という計算になる。日本人で司馬遼太郎の作品を読んだことのない人を見つけるほうが、むつかしいかもしれない。「司馬史観」という言葉に象徴される、司馬遼太郎的なものの考え方、価値観、歴史認識は、もはや一つの社会現象として、大多数の日本人の心の奥底に浸透し、定着しているとみてよい。

本章ではそのような視点から一段と視野を広げ、現在の日本の社会で権威の否定ということが、どれほどすさまじい勢いで横行し進行しているか、をみていきたい。そしてその背景に、司馬史観的な感性・発想が見え隠れし、ただよっているのを確かめたい。そして一歩まちがえば、それがいかに亡国につながる危険があるか、を読者諸氏の肝に銘じてほしい。

総売上部数1000万冊のベストセラー漫画

まずは漫画家中沢啓治の『はだしのゲン』という漫画作品をとりあげよう。これは単行本で全10巻にのぼる長編で、総売上部数は1000万冊というベストセラーである。全国ほとんどすべての小中学校の図書館と、各市町村の図書館に常備されている。世界の多くの国々でも翻訳出版され世界的な話題になっている。これは原爆をテーマにした作品で、原爆で壊滅した広島の廃墟を舞台に、浮浪者と化した少年たちが、戦後の混乱期を生きのびていくストーリーだ。戦争の悲惨さを鋭く描いているが、その内容は徹頭徹尾戦時中の日本国家に対する憎悪と弾劾である。「はじめに」でも紹介したが登場人物たちの台詞をいくつか列挙しよう。

「日本はもう負けるとわかっているのに、訓練なんかするのは馬鹿馬鹿しい」
「卑怯者、臆病者、非国民とののしられてもええ、自分の命を守ることが一番勇気のいることなんじゃ」
「死ぬな。弱虫になれ。卑怯者になれ。どんなことがあっても生きて帰れ」

こういう言葉を臆面もなく、胸を張って堂々と書ける作者の鉄面皮の神経にも恐れ入るが、このあとの場面で、特攻隊にむりやり組みこまれ「死にたくない」「死にたくない」と泣き叫んで、出撃から逃げ帰ってくる若者を登場させている。この若者の台詞を紹介しよう。

「一握りの金持ちが儲けるため、国のためじゃと言うて戦争を起こしてわしらを苦しめているんじゃ」
「最高の殺人者は天皇じゃ。あの貧相なツラをした爺さんの天皇、今上裕仁がアジアの人間を三千万人も殺したんじゃ」

この漫画では、日本と戦った敵国、ひいては当時の世界情勢の分析がまったくなされていない。司馬遼太郎の思考と同様、小さなコップのなかで水が波たち騒ぐように、中沢の思考回路は日本という座標軸のなかだけで旋回し、から回りしているのである。極めつけは次の台詞である。

「もし原爆が落とされなかったら、戦争狂いの天皇は戦争をやめんかったわい。日本人は原爆を落とされたことに感謝せんといかんわい」

人間の魂はここまで自尊心を投げ捨てて卑屈になれるものだろうか？　そして物語の最後の場面で、ゲンの子分でピストルを使って殺人をくり返す少年が、さすがに自首しようとしたのを、ゲンは「自首する必要はないから逃げろ」とそそのかす。そのあとこの少年は恋人とともに列車で東京へ逃亡する、という噴飯もののヒロイズムで物語は終わる。「永久に刑務所に入らんといけんやつは最高の殺人者天皇じゃ」という、なにやら意味深な台詞をゲンがつぶやきながら。

現在50代以下の年齢の日本人は、たいがい小学生か中学生のころにこの漫画を学校の図書館で読んだことがあり、なかには中学校の社会科の授業で、この漫画を教材に使わされた者もいる。戦争の悲惨さを生徒に教えるのに最高の教材として、多くの教師がこの漫画を選んでいるのだ。しょせんはたかが漫画だ、などと軽くみてはならない。活字離れが進んでいるいまの若い世代にとって、漫画のおよぼす影響力は無視できないほど大きい。

誇大妄想で残虐場面を描いている

中沢啓治の頭のなかは「日本が悪玉で、原爆が落ちたのは日本を懲らしめるための天罰だ」という考え方でこり固まっているのだろうか。

ポツダム宣言が出て、日本の降伏が秒読み段階の昭和20年8月の時点で、アメリカが2

発の原爆を落として数十万人の日本人を殺した理由はなにか？　そんなことをする必要があったのか？

あるいは、もしもドイツが5月7日に降伏せず、8月の時点においても日本とともにまだ戦い続けていたと仮定すれば、アメリカはドイツにも原爆を落としただろうか。原爆投下の計画は当初から、有色人種の日本だけをターゲットにしたものだったことが、戦後の研究で明らかになりつつある。

原爆が完成したのは7月16日だが、ドイツはすでに降伏しているから、ドイツにはもう原爆は使えない（いや最初から使うつもりもない）。ここで日本が降伏してしまったら、アメリカは永久に原爆を使うチャンスがなくなってしまう。4年の歳月と現在の価値で20兆円の経費をかけて完成させた原爆で、どれほど多くの人間を殺せるのか、その威力を確かめるチャンスが永久に失われてしまう。降伏寸前の日本に、ぎりぎりのきわどい瞬間で原爆を落として人体実験をしてみたい。アメリカはこの誘惑に、この悪魔のささやきに負けたのだ。

中沢が原爆をテーマにしたあれだけ膨大な長編漫画をかいたのなら、当然このような視点からの問いかけもあるべきだ。

日米戦争の根底にはまぎれもなく人種差別の要素があった。開戦後アメリカ国内の日系人は敵性国民として財産を没収され、強制収容所に押しこめられて悲惨な生活を強いられた。だが当時日本の同盟国だったドイツ、イタリアから移民してきたアメリカ市民は、そのような迫害をなにひとつ受けていないのである。

中沢啓治はかつて原爆記念日に、広島の原爆投下についてコメントを求められたとき、「原爆を落とされたほうにも責任がある。われわれはまず日本の責任を反省しなければならない」などと発言している。

原爆記念碑に刻まれた「安らかにお眠りください。われわれはこのような過ちを二度とくり返しませんから」という言葉をめぐって、「いったいどっちが謝っているのだ！」と物議をかもしたことがかつてあった。原爆を落とされたほうの日本が謝るなど、言語道断の本末転倒である。それはまさしく奴隷の精神以外のなにものでもない。中沢啓治の精神構造はこの奴隷の根性を通りこして、一種のピエロ、喜劇役者の役割を演じているといってよい。

日本の子どもたちがほぼ全員、義務教育のレベルの段階でこのような漫画を教育の一環として読まされているとしたら、それが彼らの精神形成におよぼす効果はどのようなものになるのか。教育というのは即効性はないが、長い時間をかければボディーブローのようにじわじわ効いてきて、最後は国家の命運を左右するほどの力をもつ。このような漫画を読んで育った子どもたちが大きくなったとき、国を愛する心を、郷土を愛する心を、祖先を敬う心をもつことができるだろうか。

子どもたちだけではない。公立の学校の教師は国民の払った税金で給料をもらって生活しているのだから、職場で「君が代」を斉唱する職業上の義務がある。それなのにそれを公然と拒否する教師がいる。それどころか日の丸・君が代の拒否を生徒たちに指導・強要している教師もいる。

中沢啓治はこの漫画をかくにあたって、知覧の特攻平和会館を訪れ、散華した特攻兵士たちが出撃前に書きのこした遺書をみたことがあるのだろうか。学徒出陣で回天特攻隊に志願し戦死した和田稔は、幼い妹の若菜にあてた手紙で「私は青春の真昼前を私の国にささげる。私は男に生まれた喜びを、いまほど全身がふるえるような感動を、味わったことはないのだ」と書き残している。筆者の知人は昭和6年生まれで、終戦のとき旧制中学の2年だったが、玉音放送を聞いた瞬間、庭に飛びだし大地に突っ伏して「自分はもうこれで国のために死ぬことができなくなってしまった」と全身をふるわせて慟哭したという。

滅亡寸前の祖国をわが身を犠牲にしても守ろうとする、これが当時の日本の若者たちの偽らざる真情だったのだ。

中沢の描く「死にたくない、死にたくない、と泣き叫んで逃げ帰り、天皇を罵倒する特攻兵士」というのは、彼が自分の空想と妄想をふくらませてこしらえたデタラメのヨタ話である。物語の後半でますますエスカレートするゲンの（すなわち中沢啓治の）絶叫を紹介しよう。

「日本軍の兵士が首を面白半分に切り落としたり、妊婦の腹を切り裂いて中の赤ん坊を引っ張り出したり、女性の性器の中に一升瓶がどれだけ入るかたたきこんで骨盤を砕いて殺したり」

「わしは、日本が三光作戦という、殺しつくし奪いつくし焼きつくすで、ありとあらゆる残酷なことを同じアジア人にやっていた事実を知ったときは、ヘドが出たわい。その数千万人の人間の命を平気でとることを許した天皇をわしは許さんわい。いまだに戦争責任をとらずにふんぞりかえっとる天皇をわしは許さんわい」

このような怖気を振るう汚らしい言葉が、目をおおうばかりの残虐画面とともに、これでもかこれでもかと読者にぶちまけられるのである。

中沢の指摘する「三光作戦」とは、4000年におよぶ中国の戦争文化の象徴で、日本にはこのような清野作戦の伝統はない。これは常識中の常識である。日本軍がやった、と中沢が思いこんでいる残虐行為は、敗走する中国兵が民衆に対しておこなった蛮行を、そのまま日本軍に投影したものである。

中沢の描いているこれらの殺戮場面の描写は、通州事件で中国兵が日本人住民に対しておこなった残虐行為を、そのまま借用しているだけなのだ。北京北方の通州で260名の日本人居留民が、中国の保安隊に身の毛のよだつような残虐な方法でなぶり殺しにされ、日本国内の世論は激昂した。女性の遺体はすべて局部が串刺しにされ、幼児の遺体はすべて指が切断されていた。

その四十数年前の日清戦争では、日本は国際法を厳守し、清朝軍の捕虜一万数千人を丁重にあつかい、傷病兵は治療まで受けさせて、戦争終結後中国へ帰国させている。かたや清朝軍の捕虜になった日本軍の兵士たちは全員殺された。耳と鼻をそがれ、目玉をくり抜かれ、両手両足を切断され、凄まじいリンチによってなぶり殺しにされたのである。

中国伝統の三光作戦によるこのような残虐行為は、日本人には想像できない世界であり、民族文化のちがいをよくあらわしている。おそらく中沢啓治の頭のなかでこれらの事実関係がきちんと整理されず、不正確なまま、自分の思いこみをまじえた固定観念として定着してしまったのだろう。ここまでくれば『はだしのゲン』の残虐場面は、単なるでたらめのほら話を通り越して、一種のパラノイア、誇大妄想の域にまで達しているといってよい。

松江市の試みを潰した朝日新聞

松江市教育委員会が２０１２年に「この漫画のあまりにも荒唐無稽な内容と、事実に反する残虐場面の描写は、子供の教育上有害である」として、市内の小中学校の図書館で閉架措置にふみきった。これはじつに適切な判断であり、むしろ遅きに失した感があった。

しかし翌年朝日新聞がこれにかみつき、「子供の学ぶ権利を奪うのは言語道断だ」と糾弾して火つけ役となり、全国の大手メディアが一斉にこれに迎合して、ついに松江市は『はだしのゲン』閉架措置の撤回に追いこまれてしまったのである。

「また朝日新聞か」の思いがこみあげてくる。「子供の学ぶ権利」と朝日はいうが、目をおおうような残虐な暴力シーンや、事実無根のでたらめを、教育現場で子供たちにたれ流すことが許されるのか。松江市教育委員会のとった措置を糾弾した朝日の論説委員は、自分の子供が通う小学校で、ポルノビデオが公開されるのに賛同できるのか。

朝日新聞といえば、かつて吉田清治という職業的ペテン師がでっちあげた従軍慰安婦強制連行のでたらめを支持し、これを長年にわたって世界に流し続けてきた。ありもしない国家犯罪をでっちあげ、する必要もない謝罪責任を日本国民に負わせ、日本国民に恥辱と犯罪の烙印をおしあててきた。私の学問の師である小堀桂一郎東大名誉教授が「朝日は手にとるも汚らわしい」と嫌悪された売国新聞である。朝日は長年にわたって、日本のマスコミを代表する知性の牙城であることを自他ともに認めつつも、その論説は日本の国益に天文学的損害を与え続けてきた。売国的姿勢という意味で、中沢啓治にふさわしい新聞といえよう。

『はだしのゲン』は、明らかに戦後の日本社会にはびこった病理現象の一つである。作者の中沢啓治は、自身も6歳のとき広島で被爆した体験をもつ。しかし原爆への怒りが、手を下した張本人のアメリカに向けられず、日本の天皇と軍隊に向けられる、というこのすりかえ現象が、朝日をはじめとする中沢のような人びとの心理的倒錯をよくあらわしている。

これまでたびたびとりあげた司馬遼太郎の「戦争をしかけられたらすぐに降伏して無抵抗で相手に同化しろ」とか「滑稽な暴力団の自衛隊はウソの上に成り立ち、ウソの大戦を考える」とかいった発言が、『はだしのゲン』で主張されているテーマと同心円上でぴったり重なりあうことに、読者諸氏は気づかれたであろう。司馬史観の底に潜む「権威の否定」が、中沢啓治の思考とオーバーラップしているのに、読者諸氏は納得されたであろう。

この漫画が日本の社会にたれ流してきた害毒は、何十年にもわたって病原菌のようなダメージを日本国民に与え続けてきた。２０１２年に松江市教育委員会が『はだしのゲン』を有害図書とみなして、市内の小中学校の図書館で閉架措置をとったのは、あまりにも当然のことだったのである。

この松江市の試みは、朝日が介入した反対キャンペーンで中止になってしまったが、それから10年。広島市教育委員会は２０２３年度の平和教育の教材から『はだしのゲン』を削除することを決定した。これに対して各種団体から、またまた抗議の声があがりだしたという。

『はだしのゲン』が40年以上かけて日本の社会にあたえ続けてきた影響と、この漫画をめぐる一連の騒ぎをみていると、私は韓非子の「千丈の堤も螻蟻の穴をもって潰ゆ」という言葉を思い出さずにはいられない。いかなる巨大ダムも、蟻の一穴があれば最後は崩壊してしまう。『はだしのゲン』はいまの日本にとって、蟻の一穴どころかこぶし大の大きさの穴となって、水が音を立てて漏れ始めている状態である。

それにしても、と私はしみじみ思う。「たかが漫画、されど漫画」なのだろうか。「嘘も100回くり返せば真実」というが、四十数年かけて国民の心にここまで浸透してしまった『はだしのゲン』のでたらめは、単に教育の現場だけでなく、マスコミや政治の世界にまで影響をもち始め、日本の外交問題まで左右し始めているのだろうか。今日韓国で国をあげて燃えさかっている反日運動は、この『はだしのゲン』がその背後に影を落としていることはまちがいないだろう。

それにしてもこの『はだしのゲン』のような漫画が、よくも四十数年間、日本の社会で大手をふってまかり通ってきたものである。よくも四十数年間、国民がさしたる怒りの声もあげずにこの漫画を放置し、野放しにし続けたものである。日本が厳然たる独立国家だった戦前の社会なら考えられないことだ。これがもしも戦前の日本なら、このような漫画に対する非難の声は国をあげて轟々と湧き起こり、作者は徹底的に糾弾されていただろう。

日本の社会をこのような混迷と混乱におとしいれている源泉は、第2次世界大戦に日本が敗れた敗戦のショック以外に考えられない。戦争に負けるというのは恐ろしいことである。ただ単に国土が破壊されただけの物的・経済的な損害であれば、日本のような勤勉な国民ならすぐに回復できる。しかしたたきつぶされた民族の誇りは、一朝一夕には元にもどらない。

国家開闢以来の未曾有の敗戦で国民が腰を脱かしてしまい、戦後80年たったいまでも、その精神的ショックからまだ立ち直れないでいる。そしてそのことが、戦後の日本社会のあらゆる領域で、混迷と混乱を生みだしているとすれば、われわれが真っ先にやらねばならぬことは、日本が戦った大東亜戦争、さらには第2次世界大戦を、巨視的な歴史認識でもってきちんと総括しなおすことである。

この新たな歴史の見直しがいまほど求められている時代はない。これをしないかぎり、日本は真の意味での独立国家として立ち直れない。これを回避しているかぎり、日本という国家の再生はありえない。その際に「日本は侵略国であり、加害国であった」などという単純な論は、もはや通用しないことは自明であろう。

ヒトラーとスターリンの決定的な違い

これは日本だけでない。ドイツも同様である。ドイツの問題は日本にとっても他人事でない。第2次世界大戦で同盟国としてともに戦い、ともに敗れ、戦後の戦争裁判でともに裁かれた、という過去の歴史的経緯があるからだ。ドイツをおおった悲劇を考察することは、日本を呪縛してきた自虐史観の虚構からわれわれが目ざめるのに、なんらかの示唆を与えてくれるだろう。とりわけドイツの場合、ナチスとヒトラーの巨悪のイメージがあまりにも大きいため、これから脱けだすのは容易なことでない。

ファシズム（全体主義）といえば、ただちにヒトラーを連想する人が多いだろう。ファシズムの定義については、ハンナ・アーレントの『全体主義の起源』が最も有名である。彼女はヒトラーのナチスドイツとスターリンの共産ソ連を、20世紀に出現したファシズムの怪物としてひとくくりにした。

しかしヒトラーとスターリンには、アーレントが見落としている（あるいはあえて無視しようとしている）決定的な違いがある。それはなにかというと、ヒトラーはたしかにユダヤ人を迫害したが、自国のドイツ国民の同胞は迫害しなかったことだ。かたやスターリンは階級闘争の名のもとに、「階級の敵」とみなした自国のソ連国民の同胞を片っぱしから殺戮した。

スターリンの共産ソ連では、反対勢力をすべて殺しつくし敵対する者がいなくなったあとも、そこで粛清は終わらず、さらに新たな運動目的としての粛清が始まり、それが延々とくり返された。粛清そのものが、共産主義の体制を維持するために必要な基本原理だったのである。具体的な敵の姿が見えない。命令された者は自分で考えて判断しないと命とりになる。全員が相互に監視しあって、がんじがらめにしばりあい密告しあう。これはまさにカフカの世界を彷彿とさせる、鳥肌の立つようなおぞましい恐怖のネットワークである。（現在の北朝鮮がまさしくそうである）。独ソ戦で亡くなった犠牲者は別にして、スターリンの粛清で殺されたソ連国民は３０００万以上といわれている。

あさま山荘事件で有名な連合赤軍では、十数人のメンバーが総括という名のリンチのもとに殺された。これとまったく同じことが規模を拡大して、ソ連で、中国で、カンボジアで、北朝鮮でおこなわれたのだった。連合赤軍の場合は、小さなセクト内部の殺人だったから十数人の死者ですんだが、ソ連や中国の場合はそれが国家的規模でおこなわれたため、数千万の国民が殺されたのである。

経済戦争と戦時報道の犠牲者

それともう一つヒトラーがスターリンと異なるのは、クーデターや革命で政権をとったのでなく、民主的な選挙で国民の圧倒的な支持を得て合法的に権力の座についたことだ。両大戦間期のドイツは、第１次世界大戦の敗戦の失地回復を求める国民の怨念がうずまいていて、それは来たるべき第２次世界大戦にいたるまでの、休戦期間だったとみなすこともできるのだ。その国民の声を代弁し、国民の期待に応えたのがヒトラーだったともいえるのである。

ヒトラーは決して狂人でなく、暗愚な人物でもなかった。そしてまたドイツ国民自身も決して集団発狂していたわけではない。彼らはそれなりにナチスに共鳴し、第三帝国が崩壊するまでヒトラーに忠誠をつくした。

ナチスのおこなった一連の社会政策の成功で経済建設は進み、技術は進歩し、産業界は合理化され、職場は民主化され、労働者の完全雇用は達成された。それによって実現した社会体制は、戦後のドイツでもとぎれることなく一体性をもって受け継がれた。敗戦からわずか数年後の１９５０年前後に、西ドイツの国際貿易はすでに黒字に転じているくらいである。ナチスの新体制運動に大部分の国民が自発的に参加したこと。そして多くの分野の多数のエリートたちが（20世紀を代表する哲学者ハイデガーを始めとして）率先してナチスに協力したこと。これこそがナチスの社会政策をあそこまで成功させた最大の理由である。

それとあと、これは表立って指摘されることはこれまでほとんどなかったが、ヒトラーが実行した決定的に重大な経済政策がある。それはなにかというと、通貨の発行権をドイツの中央銀行から国家にとりもどしたことである。これはどういうことなのか簡単に説明しよう。

どこの国でも通貨はその国の政府が発行している、と思いこんでいる人が多いようだが、これはまったくちがう。ほとんどの国で通貨を発行しているのは中央銀行という民間の株式会社であり、彼らが発行した通貨を政府に融資し、利息をつけて政府に買いとらせているのだ。各国の中央銀行を支配しているのは国際金融資本であり、その影響力は国境を越えてあらゆる国の経済におよんでいる。わが国の中央銀行である日本銀行も純然たる民間の株式会社だ。ただし日本政府が株式を55パーセント保有しているため、他国と比べると日銀は辛うじてまだ国家の統制下にある。

もともと通貨の発行権は国家のものだったのだが、１８１５年ワーテルローの大決戦でナポレオンが没落してから、イギリスのロスチャイルド財閥（ユダヤ系）はヨーロッパのライバル銀行をほぼ絶滅させて一人勝ちし、その天文学的な資産を武器にポンドの発行権を手に入れた。続いてヨーロッパ主要国の通貨発行権を次々に手に入れ、やがてその矛先は大西洋を越えて建国間もないアメリカへ向けられた。19世紀のアメリカ史は、ドルの発行権を手に入れようとする国際金融資本とアメリカ大統領との戦いである。

１９１３年、ついに超大国アメリカの経済は国際金融資本の影響下に入った。ニューヨークのウォール街に中央銀行のＦＲＢが設立され、ドルの発行権を手に入れたのである。ＦＲＢは国際的なメガバンクの金融資本で構成されている。

ヒトラーはナチスに入党した当初から、各国の中央銀行が通貨を発行するシステムに疑問を持ち、政権をとるやいなやただちに通貨の改革にとりくんだ。そしてロンドンのシティーやニューヨークのウォール街のユダヤ系国際金融資本の支配を排除して、ドイツ政府にマルクの発行権をもたせることに成功したのである。これによってドイツは無限の富を国内から調達することが可能になり、アウトバーンの建設をはじめとする公共投資によって、第2次世界大戦の直前には大恐慌を完全に克服した。それまでドイツに対して融和的だったイギリスとアメリカが、対ドイツ強硬政策をとり始めるのはこの頃からである。これをみると、第2次世界大戦は経済戦争の一面もあった、とは考えられないだろうか？

余談にそれるが、ＦＲＢが設立されてから50年後、アメリカ大統領になったケネディはドルの発行権を政府に取り戻し、政府発行のドルが市中に出回り始めた。その直後ケネディは暗殺され、副大統領だったジョンソンの処置によって政府発行のドルは回収処分され、ドルの発行権は再びＦＲＢの手に戻った。ケネディ暗殺は大きなナゾに包まれていて、その真相はまだ解明されていない。

第2次世界大戦は全面戦争であり国家総力戦だった。戦っている相手を完膚なきまでにたたきのめして息の根をとめ、無条件降伏（ドイツと異なり日本は若干の条件つきだったが）に追いこむ殲滅戦争にまでエスカレートした。そして敗戦国を占領して戦争裁判を行い、人類の法廷の名において敵国を道徳的にも裁いたのである。これはそれまでの戦争にはなかったことである。その前の第1次世界大戦では、敗れたドイツは領土を割譲し、賠償金を払ったが、戦争裁判で敵国に裁かれることはなかった。

戦争中はどの国も例外なく報道統制が行われる。国民の士気を鼓舞し、戦争への全面的な協力をとりつけるためにも、敵国がいかにひどいことをしているか、ということをマスコミを総動員して宣伝するのである。いわゆる戦時報道というものである。

第1次世界大戦中にもこの戦時報道はさかんに行われ、敵国の残虐行為を強調するために多くの偽造写真や虚偽のニュースが飛び交い、それは一つの産業といってよいほどのレベルに達した。敵をいかに残虐な姿で表現するか、ということに交戦国は競って没頭したのである。だが戦争が終わるとそれらはきちんと検証され、真偽の追求がなされた。それはつまり第1次世界大戦が殲滅戦争でなく、まだ限定戦争のレベルであり、勝者と敗者を善悪の価値判断で区分けすることはなかったからだ。

しかし第2次世界大戦はそうならなかった。戦争が終わったあと敗戦国の戦時報道は否定され、戦勝国の戦時報道だけがそのまま定着してしまったのだ。連合国は戦時中から、ナチスの強制収容所でいかに残虐なこと（毒ガスなど）が行われているか、ということをさかんに宣伝していたが、それはあくまでも敵の陣営内のことなので正確なことはよく把握できず、想像によって脚色・誇張されたものが多かった。そしてこの連合国の戦時報道がなんら検証されることのないまま、戦後の世界の世論になってしまったのである。戦争裁判で証言した証人への反対尋問もなされないまま、戦勝国の戦時報道が証拠として定着してしまったのだ。

ナチスドイツの何が真実か

ナチスがユダヤ人を迫害したのは厳然たる事実である。強制収容所の劣悪な環境で多くの罪なきユダヤ人がチフスなどの伝染病や栄養失調で亡くなった。ナチスがユダヤ問題の最終解決案として東方に自治区を作り（当初それはマダガスカルの予定だった）、そこに彼らを送りこもうと計画したことは確認されている。しかし民族絶滅と毒ガスについては、第2次世界大戦が終了してから80年たった現在にいたるまで、それを計画した証拠もそれを実行した証拠もいまのところまだ見つかっていない。

読者諸氏は、あの有名な映画『シンドラーのリスト』をご存じだろうか。第2次世界大戦後ハリウッドでは、ナチスのユダヤ迫害をテーマにした映画がくり返し製作され続けてきた。それらはほぼ例外なくヒットし成功をおさめ、ハリウッド映画産業の貴重なドル箱になってきた。そのなかでもこの『シンドラーのリスト』は最高傑作との評価が高い。ラストシーンで、ナチスを打倒したソ連軍が強制収容所から解放されたユダヤ人の前に現れ、彼らがこれからどこへ行けばよいかを暗示する。その暗示した行先は２０００年前の彼らの祖先の地パレスチナだった。そして締めくくりの言葉は「犠牲となった６００万人のユダヤ人よ、安らかに眠れ」である。

ナチスによるユダヤ迫害の犠牲者の数は、被害者であるユダヤの本家本元のイスラエルにおいてさえ１００万人に下方修正されているというのに、戦後50年もたって作られたこのハリウッド映画で、６００万人という数字がまだくり返されているのを見て私は驚いた。そしてなによりも見のがしてならないのは、この映画では「毒ガスによるホロコーストの６００万人」と「パレスチナのイスラエル建国」という二つのポイントがリンクし、表裏一体のテーマとして強調されていることだ。ユダヤはこれだけひどい目にあった、だから彼らがパレスチナのアラブ人を追い払って、２０００年前の祖先の地に新たな国を造るのは当然だ、ということなのだろうか。

だがそれは、イスラエル建国によって土地を奪われるパレスチナのアラブ人たちには許せることではないだろう。たとえナチスのユダヤ迫害があったとしても、それはパレスチナのアラブ人にはなんの関係もないことであり、自分たちの土地が奪われることの理由にはならないからだ。今日、パレスチナの土地をめぐるイスラエルとアラブの争いは深刻化し、多数のアラブ人が犠牲になっている。これに対する世界の世論は圧倒的にアラブに同情し、イスラエルに批判的だが、「毒ガスによるホロコーストの６００万人」は、イスラエルに対する世界の非難をかわす免罪符となっている側面があるのだ。

ナチスがユダヤ人を迫害したのは事実であり、これは現在でもドイツ国民の心の負い目になっている。だがもしも、ドイツがやってもいないことまでやったと非難されているとしたら、彼らにとってこれほど不当で理不尽なことはないだろう。

前章でも触れたが、ドイツが戦時中に強制収容所のユダヤ人に毒ガスを使用したという証拠は、現時点ではまったく見つかっていない。アウシュビッツの毒ガス室は、ここを占領したソ連軍が戦後、伝聞証拠をもとにこしらえたレプリカ（模型）である。

収容所の単なる劣悪な環境で命を落としたのか、それとも毒ガスで殺されたのか、では問題の本質ががらりと変わってくる。なぜならそれは、ドイツが民族絶滅を計画し実行したかどうか、という別のテーマになってくるからだ。毒ガスの伝聞証拠は、連合国の戦時報道をもとに戦後の戦争裁判で、なんらの物証もないまま（つまり証言者への反対尋問もないまま）定着してしまったのである。

そしてそれについての批判や自由な議論もいっさい許されないのだとしたら、むしろドイツ人こそ根拠のない十字架を背負わされている被害者だ、ということもできるのだ。現在を生きるわれわれは、過去の歴史を虚心坦懐に見すえ、その真贋について一歩一歩検証を重ねていく地道な努力を、一瞬たりとも怠ってはならない。

「収容所の劣悪な環境で命を落とした」というだけのことなら、そのような例は世界中に掃いて捨てるほどある。３０００万人の犠牲者が出たソ連の収容所群島は？　大躍進政策と文化大革命で５０００万人の犠牲者が出た中国の収容所は？　国民の3分の1が殺されたカンボジアのポル・ポト政権の収容所は？　そして現在、金正恩政権の恐怖政治で生き地獄となっている北朝鮮の収容所は？　これらの収容所に比べたらナチスの収容所など、児戯に類するような可愛らしいものに思えてくるほどだ。

「ナチスがユダヤ迫害さえしていなければ、その達成した業績は輝かしいものであり、ドイツ史上まれに見る偉業の一つとみなすこともできる」という議論を、われわれはときおり耳にする。このような視点からの現代史の見直しが、今後検討されてもよいのではないか。

「勝者敗因を秘し、敗者勝因を蔵す」ということわざがある。敗戦の原因と責任をきちんと分析し整理するのは、それを今度は逆に成功に転じさせ、輝かしい未来につなげていくためにもぜひ必要なことなのだ。第2次世界大戦に敗れたということは、日本とドイツにとって未曾有の悲劇だった。しかしじつはピンチのなかにこそチャンスがあるのだ。

戦争に負けたという現実に向きあうのは、心理的に受けいれがたい、つらい苦しい営みだろう。しかしこのつらい現実をごまかすことなく、ありのままに真正面からみすえ、その真の原因と責任を冷静にそして徹底的に追及することは、今後日本とドイツの両国をさらなる発展へみちびくための宝の山なのだ。その意味において、戦勝の上にあぐらをかいて慢心しているかつての連合諸国よりも、日本とドイツのほうが優位な立場に立っているとさえいえるのだ。

「望月の満つれば欠くる」という言葉がある。満月になった瞬間、その満月は欠け始める。その逆に月が完全に欠けてしまった瞬間から、再び満月への道が開かれ始める。これが先ほど紹介した「勝者敗因を秘し、敗者勝因を蔵す」ということなのだ。

いったいいつになったらわれわれは、第2次世界大戦敗戦のショックと東京裁判史観の呪縛から脱けだして、曇りない歴史認識に到達できるであろうか。「大東亜戦争の敗北は日本がみずからまいた悪の種の結果だ」などという司馬史観の呪縛に、われわれは今後いつまで拘束され続けるのだろうか。第2次世界大戦で一人勝ちしたアメリカが世界の警察官だった時代なら、それでよかっただろう。アメリカの保護のもとに国家の意思を放棄し、アメリカに追従していればそれで生きていけただろう。

だがパックス・アメリカーナ（アメリカの平和）の枠組みが崩壊すれば、日本は独自の国家戦略をみずから模索しなければならなくなる。そのような状態になったとき、日本ははたして独立国家としての意思をもって世界に対応できるのか。百鬼夜行の国際政治の舞台で、生き馬の目を抜くような外交の修羅場で、日本は一人前の独立国家としてふるまえるのか。

いまこそわれわれはビスマルクの語った有名な言葉、「国家は敗戦によっては滅びない。国民が国家の意思を失ったときに滅びる」を、かみしめる時期に来ている。いまこそわれわれは東京裁判で日本を弁護したパール判事の言葉、「時が熱狂と偏見をやわらげたあかつきには、また理性が虚偽からその仮面をはぎとったあかつきには、そのときこそ正義の女神はその秤を平衡に保ちながら、過去の賞罰の多くにそのところを変えることを要求するであろう」を、かみしめる時期に来ている。

戦争の勝ち負けは腕力の強弱の問題であって正義の問題とは関係ない。正義と法の真理は戦争を超越して厳然と存在するのだ。

第三章

『親日派のための弁明』『反日種族主義』と韓国の目覚め

「沈寿官という男は、嘘つき」

司馬遼太郎の数多くの作品の中で、珠玉のような最高傑作と評価されている『故郷忘じがたく候』という作品がある。これはエッセー風の短編で、豊臣秀吉の朝鮮出兵のときに捕虜になって薩摩藩につれてこられ、その後代々その地に住み続けた李氏朝鮮の陶工たちの運命を描いた内容である。14代目の当主にあたる沈寿官に、司馬が直接インタビューした結果をもとに、エッセー風にまとめたものだ。

私は以前出した拙著『「坂の上の雲」に隠された歴史の真実』（主婦の友社）で、この『故郷忘じがたく候』をとりあげた。その直後、ある読者の方から肺腑をえぐるような内容のお手紙をいただいた。それを次に紹介しよう。

「あの『故郷忘じがたく候』に登場する沈寿官という男は、大嘘つきですよ。さもなければ司馬遼太郎がでたらめの作り話を書いているのです。私は沈寿官と同じ旧制鹿児島二中（現在の甲南高校）の卒業生ですが、彼が語っている次のエピソードなど、わが母校にはまったく無縁です。

沈寿官が入学した翌日、上級生が集団で教室に押しかけてきて『このなかに朝鮮人がおるだろう。手をあげて名のれ！』と叫んだ。沈寿官がだまっていると、激昂した彼らは『名のらないなら俺たちが暴いてやる。おい、そこのお前だ！』と沈寿官をとり囲んで引きずりだし、集団で殴る蹴るの暴行を加えた。沈寿官は失神寸前になりながらも、歯を食いしばって耐えた。服はやぶれ、大けがをした彼が帰宅すると、両親が門のところに立ち、息子が帰ってくるのをいまや遅しと待ちかまえていた。彼らはまるで、今日起こる出来事を神のように予見している預言者のごとくであった。同じ鹿児島二中の卒業生である彼の父は、やはり彼と同様に、かつて入学式の日に上級生から集団暴行を受けており、そのことを涙ながらに息子に語った。

わが母校の鹿児島二中は、九州でも屈指の文武両道の進学名門校で、嘘をつくな、けんかに負けるな、弱いものをいじめるな、の尚武の気風をモットーにしています。卒業生たちも社会で名をなした、立派な人たちが数多く出ています。そのわれらが母校の入学式で、上級生による朝鮮人新入生への集団暴行が、毎年恒例の伝統的な学校公認行事としておこなわれるなど、前代未聞で聞いたことがない。そんなことが実際に起こっていれば、教師や父兄も巻きこんだ大問題に発展し、校長の首はとんでいるでしょう。少なくとも私の周辺や私の見聞した範囲内で、そのようなことは皆無です。司馬遼太郎がなぜこのようなでたらめを書くのか理解できません。甲南高校も含めた鹿児島二中の同窓会では、司馬遼太郎を名誉毀損で訴えてやりたい、という怒りの声がわき起こっています。福井先生、いつか機会があれば、ぜひこのことを世間に訴えてください」

沈寿官は中学生の頃、けんか三昧に明け暮れていた硬派の学生で、番長クラスのボスだったという。不良同士のけんかや、学校同士の集団のけんかで、頭に血がのぼってとっくみあっている最中に、心ない罵詈雑言の言葉を浴びせられたりしたことは、たしかにあったかもしれない。だがそのようなことは、子供のけんかの世界では日常茶飯事、めずらしくもなんともない話だ。

それをあたかも、かつての名門旧制中学の、伝統的な恒例の学校公認行事であったかのように話をでっちあげ、ひいては日本と朝鮮の民族差別をめぐる、歴史問題にまでテーマをふくらませてしまっている。まったくこの司馬遼太郎という人物は、大した講釈師である。

私自身の経験に照らしても、少なくとも私の見聞した範囲内で、このようなあからさまな朝鮮差別があったとは考えにくいのだ。たしかに私の周辺にも在日の子はごくわずかながらいたし、心のなかで彼らに対する違和感がまったくなかったわけではない。だが、これはむしろあって当然なのだ。民族が違えば当然生活文化も違うわけで、むしろ子供ほどそのような文化ショックを敏感に感じとるものなのだから。

だがそのような多少の違和感をいだきながらも、むしろ腫れものにさわるように、彼らに遠慮して気をつかっていた、彼らを刺激しないように遠くからそっと見守っていた、というのが本当のところだったのではないだろうか。ましてやあの『故郷忘じがたく候』のような芝居がかった、まるで安物のテレビドラマのような差別話など、私の周辺では皆無だった。

従順無垢で素直な日本人の読者が、この作品を読めばどう思うだろうか。とりわけ戦後の自虐教育を受けてきた世代は、「日本は朝鮮を侵略して、彼らに地獄の苦しみを味わわせた」、という罪の意識をすりこまれているがゆえに、この『故郷忘じがたく候』を読めば、あたかも犯罪者が教会で神父に、自分の犯した罪を懺悔するときの感情にも似た、法悦の涙を流すだろう。いかにも一部の読者が随喜の涙を流して喜びそうな話である。

かつて吉田清治というペテン師のでっちあげた、従軍慰安婦の作り話『私の戦争犯罪・朝鮮人強制連行』が一世を風靡して、いともやすやすと日本国民の心に入りこんでしまったことがあった。これはおそらく、いま述べたような心理的背景が、日本の社会をおおっているからだろう。

「司馬遼太郎の才筆は、一種の幻想文学」

司馬遼太郎という作家は、こういう話を書けば読者が喜ぶだろう、というツボを心得ていて、読者の心を自由自在にあやつる、一種の魔術師のような能力の持ち主である。講釈師の筆さばきというものが、いかに状況に応じて都合よく使い分けられるか、おわかりいただけただろうか。司馬遼太郎ほどの文章の達人、ベテランになると、白を黒、黒を白といいくるめて、読者を煙にまくくらいは朝飯前である。そして一般の読者はそこまで注意しながら彼の本を読むことはないので、まるで講談を聞いているような心地よい彼の語り口に、いともやすやすと誘導されてしまうのだ。

なにを隠そう。この私自身、若い頃に初めて『故郷忘じがたく候』を読みおえた直後、全身がふるえるような感動におそわれ、このエッセーこそが司馬の全作品のなかで最高傑作だと思ってしまったほどなのだから。

『坂の上の雲』が世に出て満天下の話題をさらっていた頃、伊地知幸介の孫にあたる老婦人が「司馬遼太郎はよくもまあこれだけ嘘八百のでたらめを書き並べて」と嘆いておられた。「司馬遼太郎がじつは大嘘つきであることは、彼が『梟の城』で直木賞を受賞した1960年当時から、すでに話題になっていたのである。直木賞選考委員の小島政二郎と吉川英治は、司馬遼太郎に関して手厳しい辛辣な批判をあびせかけた。

小島政二郎は次のように述べている。

「司馬遼太郎が、大きな嘘のうまいことは、吉川英治などはるかに足もとにも及ばない」

かたや吉川英治は次のように述べている。

「司馬遼太郎の才筆は、一種の幻覚文学であろうが、作者のペダンチック（衒学的という意味。学者ぶったポーズを気どること）なわざとらしい『学識』が鼻持ちならない。奇想なロマンでいくならそれでよし。だがこの作者の場合、これみよがしの考証・引用が学者じみて邪魔である」

さすがに巨匠のこの二人である。司馬遼太郎の本質をじつによく、そして鋭く見抜いている。

朝鮮と中国に対する司馬の思い入れは非常に深いものがあった。日本の文化の原点、いや日本という国家のルーツすら、その源流をこの二つの国に見いだそうとする司馬にとって、朝鮮と中国は母胎のような存在だったのだろう。そのことは、さまざまな紀行文やエッセイや作品のなかでくり返し述べられている。

「私は朝鮮と中国が大好きなのです」「私は朝鮮と中国のことを考えるとき、彼らの立場に立って、彼ら自身になりきってしまうところがあります」。このような発言を司馬はいたるところで頻繁にくり返している。彼らの立場になりきったとき、「加害者イコール日本、被害者イコール朝鮮・中国」の図式は、もはや否定しがたいテーマとして彼の心の奥底に定着してしまったのだろう。彼らの立場に立つことによって、自分が加害国家日本の国民であるという罪の意識・負い目を免責できるからだ。以下、彼の発言を列挙してみよう。

「こんなばかな戦争をする国は世界中にもないと思うのです。こういうばかなことをやる国は何なのだろうということが、日本とは何か、日本人とは何か、ということの最初の疑問となりました」「魔法の森の仕業のために、数百万の日本人が死んでいきました。そして多くのアジアの人々を苦しめました」「私は学徒出陣で日本軍の一兵士として中国人の農家に行って、本当の人間とはこういうものかと思いましたね」「自分が朝鮮人だったらと、あるいは自分が在日朝鮮人だったらと思う」

韓国人自身による日本弁護論

このような司馬の言葉を、はたして韓国の人たちはどのような思いで受けとめることだろうか。

ここで2人の韓国人による著書を紹介しよう。金完燮著『親日派のための弁明』と李栄薫著『反日種族主義』である。彼らは、国を挙げて反日運動が燃えさかっている今日の韓国で、韓国人自身による日本弁護論を唱えた人たちだ。そのため彼らはすさまじい迫害にさらされ、著書は発禁処分になり、金完燮は法律の保護の外におかれて生命の危険がおよぶまでになり、亡命もやむなしというほどの状況にまで追いこまれた。李栄薫はソウル大学経済学部教授であるが、大学の研究室に乱入してきた暴徒によって殴る蹴るの暴行を受け、重傷を負っている。

言論の自由と生命の尊重は近代民主主義国家の鉄則のはずだが、現在の韓国のこのような状況を見ていると、韓国は民主主義を廃止してしまったのだろうか、という疑問がわき起こってくる。これは裏を返せば、韓国にとって日本との過去の歴史問題が、いかに重いテーマとして今なお国民を呪縛し続けているか、ということであろう。

金完燮も李栄薫も幼少期の頃は例にもれず、徹底した反日教育の影響を受け、日本憎しの念でこりかたまっていた。日本帝国主義は朝鮮からあらゆるものを奪いとった。産業も、土地も、財産も、労働力も、食料も、女の操も、そして人間の尊厳も。これは韓国内における一種の洗脳だったといってよい。ところがその洗脳が徐々に解けてくるにしたがい、彼らの日本に対する認識も変わっていったのである。

李栄薫教授は経済史が専門だが、李氏朝鮮（1392〜1897）から日韓併合（1910〜45）までの朝鮮半島の経済史の解明にとりくんだ。研究室の学生たちを動員して膨大な文献史料を集収し、過去の農地の区画整理や農業政策や工業政策がおこなわれた跡地にまで、丹念に足を運んで実地のフィールドワークの調査を行い、朝鮮経済史の実態に迫ろうとした。このような長年にわたる綿密な研究の結果、李教授は一つの結論に到達した。日韓併合時代、日本による朝鮮半島からの経済的な収奪はなかったと。

収奪どころか、日本からの巨額の財政投資によって産業は大発展し、人口は短期間で倍増した。学校が作られ、鉄道が敷かれ、工場が建設され、インフラが整備されて都市は近代化し、農業生産も激増した。そしてなによりも特筆すべきは、日本との同化政策により法制度が整備されて、朝鮮の人々は一様に法の保護のもとにおかれ、李朝時代の両班（特権貴族階級）の恐怖政治から解放されたのである。

私の手元に2枚の写真がある。ソウルの中心部の同じ場所で、日韓併合の前と後で撮られたものだが、景観が激変していて、これがまさか同一の場所だなどとは信じられない。併合前は、泥だらけの道の周辺にわら屋根の家が林立していて、まるでアフリカの奥地の原住民の村のようなたたずまいだ。当時の李朝がいかに衰退していたとはいえ、これが一国の首都の姿だとは想像できない。併合後は、道路は舗装され、路面電車が走り、近代的な建物が立ち並び、繁華な商店が軒をひしめきあっている。この2枚の写真がすべてを物語っている。これが日韓併合の実態だったのだ。末期の李朝は国内の党派抗争に明け暮れ、外国とのまともな外交交渉もできず、まるで倒壊寸前の枯れ木のように国家としての機能を失っていた。

韓国の嘘をつく文化

李栄薫と金完燮はさらに続けていう。戦時中、朝鮮半島において日本軍による慰安婦の強制連行はなかった。慰安婦は当時法律で認められた合法的な職業であって、違法ではなかった。朝鮮の慰安婦を取引したのは朝鮮人の売春業者だった。彼らの組織は朝鮮半島全土に網の目のごとくに張りめぐらされ、貧民の娘を借金のカタに売春婦として売り飛ばしていた。朝鮮の売春制度は日本よりはるかに根の深いものだった。

日本の官憲はむしろ、彼ら朝鮮人の売春業者が甘い言葉や詐欺まがいの手口で誘拐や拉致をしないよう、指導介入している。韓国の教科書には「売春と関係ない一般女性が、日本の官憲によって20万人拉致され強制連行された」と書かれているが、そのような事実はまったくない。そんなことが実際にあれば、大変な社会問題になり、朝鮮半島で大混乱が起きていたはずだ。戦後日本が裁かれた東京裁判でも、そのような問題はまったく出ていない。韓国は戦後40年近くもたってから、日本で吉田清治という詐欺師がでっち上げた慰安婦問題に便乗して、突然慰安婦問題を騒ぎ始めた。

明治維新後、日本の全国民が一丸となって欧米に追いつこうとした近代化への死にものぐるいの努力を、われわれ韓国の先祖は少しでもやったのか。日露戦争で、日本が国をあげてロシアと戦ってその南下をくいとめたとき、そのロシアと国境を接していたわれわれ韓国の先祖はいったい何をやっていたのか。これはたとえていえば、火事が燃え広がって自分の家に迫ってきたとき、隣の家の人が火をくいとめる努力をなにもしなければ、有無をいわさず隣の家に乗りこんでいって緊急措置をしないと、自分も焼け死んでしまう。それと同じことだ。そのような場合に日本がとった行動を、われわれは非難し責める資格があるのか。

あの当時の帝国主義という弱肉強食の現実のなかで、富国強兵で近代国家になる以外に生き残る道はなかった。日本は国をあげて必死の努力でその課題にとりくみ、それに成功したが、われわれの先祖はそれができず、またそれをやろうという気力もなかった。ただそれだけのことだ。

日露戦争は朝鮮に対する指導権をめぐって起きた戦争だった。その勝者のいずれかの国に併合される以外、あの当時の朝鮮にはいかなる選択肢もなかった。力の空白が生じたらそこに別の力が入ってくる。ロシアが日本に敗れた以上、そこを日本が支配するのは当時の世界の列強諸国の暗黙の合意だった。あの当時の帝国主義の力学を、われわれは今日のわれわれの価値観・倫理観・道徳観で裁いてはならない。

35年間の日韓併合時代に、日本は朝鮮半島に莫大な財政投資をして韓国社会を近代化させ、戦後それらをすべておいて引き揚げたために、日本にとって大赤字だった。戦後20年たった1965年に締結された日韓基本条約で、日本はそれらの請求権を放棄しただけでなく、さらに莫大な外貨援助までして、今日の韓国の経済発展に協力した。

「反日愛国」の名のもとにすべてがまかり通り、大法院（韓国の最高裁判所）ですら法を踏みにじるようでは、韓国は法治国家の名に値しない前近代国家だ、とまで言い切る金完燮と李栄薫の指摘は、祖国韓国を愛するがゆえの憂国の叫びなのだ。慰安婦問題のような根も葉もないでたらめを世界に訴え続けているかぎり、このままでは韓国はだめになってしまう、国際社会で大恥をかき世界から相手にされなくなってしまう、という祖国韓国のためを思ってこその、恥を知る誇り高い韓国人自身による発言なのだ。

このような真摯な学問的精進を積み重ねた上での、韓国の知識人による発言をみるにつけても、日本国内で韓国へすり寄り、迎合し、韓国への謝罪を声高に叫ぶ多くの日本人論客たちの発言が、どれほど韓国を馬鹿にし侮辱するものであるか。彼らはこのことを自覚すべきであろう。

『故郷忘じがたく候』に色濃くにじみ出ている、司馬遼太郎の韓国への同情に満ちた謝罪の感覚は、金完燮と李栄薫にとって侮辱以外のなにものでもない。なぜなら、「同情」ほど相手を馬鹿にした失礼な感情はないからだ。司馬遼太郎の韓国に対する同情は、じつは彼自身の心の底にひそむ差別意識の裏返しであることに、彼は気づいていない。

今日、国をあげて反日一色に染まっている韓国の日本に対する謝罪要求は、今後収まるだろうか？　永久に収まることはないだろう。日本が謝罪をくり返せばくり返すほど、彼らはさらなる謝罪を要求してくるだろう。なにしろ彼らは世界各地に「強制連行」された慰安婦の少女の像をこしらえ、日本のやったことはナチスのユダヤ大迫害に匹敵する国家犯罪だとして、ユネスコの世界遺産登録を働きかけているのだから。このことについて李栄薫は「韓国人は世界一の嘘つき民族だ」とまで断言している。

韓国のこの嘘をつく文化について、李教授は次のように指摘する。韓国の嘘つき文化は世界的に広く知れわたっていると。人口あたりの偽証罪は日本の430倍である。詐欺が社会の隅々まで蔓延して巨額の金がだましとられている。国民だけではない。学問の世界もまた嘘の温床になった。古代史から現代史にいたるまで、韓国の歴史学がどのような嘘で塗り固められているか、列挙すればきりがない。

韓国の嘘をつく文化はついに司法まで支配するようになった。ひたすら事実に基づいて「正義の原則」により裁判をしなければならない裁判官たちが、何が事実で何が嘘なのか判別できず、国の根幹を揺さぶるでたらめな判決を下している。嘘の教育で育った世代が大法院（最高裁）の裁判官になるのだから、韓国の司法が嘘の裁判をするのも無理はない。

さらにまた外交ですらそのような水準で一貫していたら、その国は激動する国際社会で生き残ることができるだろうか。韓国は再び亡国の道に引きずりこまれていくかもしれない。20世紀初頭に一度国を失った民族である。その民族が未だにその国を失った原因がわからずにいるのなら、もう一度国を失うのは大してむつかしいことではないだろうと。ここに紹介した李教授のこの指摘は、祖国韓国を愛するがゆえの、彼の魂の血潮の叫びなのだ。

日本に対し、大きすぎる韓国のプライド

韓国人の国民性としてよく指摘されるのが「恨み」の感情である。「恨五百年」などとよくいわれる。相手をただひたすら恨み続けることによって自己の存在証明のあかしとする。このルサンチマンの感情は、韓国の不幸な歴史によって形づくられた。中華文明の総元締めである中国と国境を接しているため、くり返しその侵略と支配を受け続けてきた。このため彼らの国民性に、ある種の「いじけた習性」が刻みこまれてしまったのである。

かつてモンゴルが世界史上最強最大版図の元帝国を樹立したとき、朝鮮の高麗王国は元に支配された。元が企てた2度にわたる日本遠征で、高麗は大量の国民を末端の兵士として徴集され、大船団を作るための森林伐採で国土は荒れ果てた。その上さらに、遠征した先の日本の玄界灘の大暴風雨で彼らは海の藻屑と消え、塗炭の苦しみを味わわされたのである。

事大主義という言葉をご存じであろうか。事は「つかえる」と読む。服従する、従う、という意味である。大は大きいもの、強いものである。隣国の中国という巨人に常に平身低頭し、顔色をうかがい、機嫌を損ねないようにして、辛うじて生きのびてきた。強いものに媚びへつらう態度は、逆の立場になれば、自分より目下のものに対して居丈高になって威張り散らす態度に豹変する。

中華文明の序列意識の中で、韓国人は自分たちこそが中華にもっとも近い優等生だと自負している。彼らから見て日本は、自分たちよりはるかに歴史の浅い、文化の低い野蛮な島国なのだ。中国を親とも敬う彼らから見て、自分たちを長男とすれば、日本ははるかに年の離れた未熟な弟にすぎない。その弟に支配されたのが彼らにはがまんできないのである。親から殴られてもがまんできるが、弟から殴られたらがまんできない。これが韓国の日本に対する「恨五百年」の正体なのである。この韓国人の精神的ＤＮＡは今日にいたるまで受けつがれ、韓国の政権は日米韓の同盟から離れて中国にすり寄る姿勢を示し、アメリカの不信感をかき立てている。

これを台湾の日本に対する態度とくらべてみるがよい。台湾も日台併合（１８９５～１９４５）で50年間日本の領土だった。日韓併合より15年長い。彼らは日本を心底愛し、世界で最も親日的だ。その理由はなにか？　日台併合したとき、未開のジャングルで原住民同然だった彼らを、日本が指導して文明社会の基盤をつくったからだ。台湾が今日、世界有数の経済先進国になっているのは、日台併合時代に近代化が始まったからだ。ゼロの状態からスタートした彼らにとって、日本は自分たちを生み育ててくれた親同然の存在なのである。彼らは子が親をしたうように、いまなお日本に好意をよせてくれているのだ。感謝こそすれ、恨むなど論外なのである。

台湾からみれば、韓国が騒いでいる慰安婦問題など笑止千万である。朝鮮と同じくあの当時大日本帝国の国民だった台湾の人にとって、台湾でも朝鮮でもそして当然のことながら本土の日本でも、官憲による慰安婦の強制連行などなかったことは百も承知だからだ。売春が違法でなく法律で認められた合法的な職業だった当時、貧困が原因で日本と朝鮮と台湾は、それぞれの地域の人口比率に応じて慰安婦が発生した。これはいまさらあらためて議論するまでもない自明のことである。台湾では（そして当然のことながら日本でも）慰安婦問題を訴えている人など一人もいない。「うそも１００回くり返せば真実」で、韓国が世界各地に慰安婦の少女の像をこしらえているのは、台湾からすれば「韓国よ、恥を知れ！」であろう。

日本は朝鮮と台湾に対して同じことをやったのに（いや、朝鮮に対しては台湾よりもっと気配りし、より莫大な金を投下している。内鮮一体の名のもとに、李氏朝鮮の最後の皇太子李垠を日本の皇室と縁組までさせている。台湾に対してはそこまでのことはやっていない）、なぜ両者の反応がここまで正反対にわかれるのか？　それはつまりプライドの問題なのである。日本に対する韓国のプライドが、彼らをがんじがらめにしばっているのだ。

日韓併合とよく比較されるのが、イギリスによるアイルランド併合である。17世紀クロムウェルに征服されてから、20世紀まで３００年にわたってアイルランドはイギリスの植民地になった。それはすさまじい収奪の歴史でもあった。とりわけ１８４０年代にアイルランドを襲ったじゃがいも飢饉では、１５０万人の餓死者を出すにいたった。このとき本国イギリスのとった措置は、餓死者を放置したまま大量の農産物をとりあげ、イギリスの不在地主のもとへ搬送したのである。餓死寸前のアイルランドの人たちは飢餓難民として大量にアメリカへ移民していった。ケネディ大統領の4代前の先祖はこのときアメリカへ渡ったのである。

じゃがいも飢饉当時アイルランドの人口は８００万だったが、現在の人口は四百数十万である。２００年前と比べて人口が半減した国など、前代未聞で聞いたことがない。本国で生きていけないから、活路を求めてアメリカへ逃れたのだ。その結果、現在アメリカのアイルランド系人口は、4000万ともあるいはそれ以上ともいわれている。彼らはイギリスに対して恨み骨髄で、アメリカ国内のイギリス系（いわゆるワスプ）は不倶戴天の敵だから、結婚同化しない。われわれアジア系からみれば白人はみな同じようにみえるが、白人同士の間では深刻な差別、憎悪、葛藤が渦巻いているのだ。

アイルランドはときには過激なテロや武力闘争で果敢に戦いを挑み、300年たった20世紀に入ってようやくイギリスから独立できた。だが北アイルランドの一部の返還をめぐってその後もまだ紛争が続き、IRAの爆弾テロが最近まで頻発していたのは記憶に新しい。

35年間の日韓併合で、日本は朝鮮に対してそこまでひどいことはやっていない。むしろ内鮮一体の名のもとに同化政策をおしすすめ、朝鮮半島を日本と同等のレベルまで引き上げようとしたのだ。これがイギリスのインド統治やオランダのインドネシア統治のように、へたな理想や同化政策など掲げず、ただひたすら収奪することだけに徹底していれば、かえってあと腐れがなかったかもしれない。

しかし日本は中華文明圏の同文同種の同胞意識をぬぐいさることがどうしてもできない

まま、日本は日本なりにひたむきに、そして一生懸命に朝鮮半島の同化政策にとりくんだのだ。そしてそのことがかえって逆に彼らの反発を招いてしまったのだ。そのように見ると、今日まで尾を引く日韓１５０年の相剋は、一種の近親憎悪に近い面があるのかもしれない。

私は韓国をよく訪問し、親しい韓国の友人も何人かいる。かなり親しくなってくるとある程度本音の部分で話をするのだが、ある韓国人の言葉を紹介しよう。

「福井さん、われわれがくやしいのは、日本から独立したとき武器をとって戦わなかったことです。日本降伏後、アメリカ軍が進駐してきてやっとわれわれは解放された。自分の力で勝ちとったものではないのです」

この人の気持ちが私にはよく理解できる。アイルランドのように、長年にわたる苛烈な武力闘争をくり返して独立につながったのであれば、それが国民の魂の拠り所になる。建国の神話というのは大切なのである。北朝鮮のように、金日成がパルチザンを率いて北を解放したという神話（これはまったくの作り話で、金日成は正体不明の男で、北朝鮮に進駐してきたソ連軍に従軍していた朝鮮人部隊の下級兵士だった）でもあればまだましだが。韓国内に北朝鮮シンパがかなりいるのは、このような心理的要因によるものだろう。

韓国が慰安婦問題や徴用工問題や竹島問題で日本に執拗にからんでくるのは、日本を論争の場にひきずり出したいのだ。不毛の議論とわかっていても、日本と戦いたくてしょうがないのだ。考えてみれば韓国は気の毒な国である。韓国のこの不幸な歴史をみるにつけても、私は、日本が島国で大陸と海でへだてられ、中国に一度も征服されなかったことがどれほど幸運であったか、と思わずにはいられない。決して強制によるのではなく、あくまでも自分の自由意思で中国の文物制度を取捨選択しながらとりいれ、日本固有の独自の文明を築くことに成功したのである。

100万人が推し進めた日韓併合

『親日派のための弁明』と『反日種族主義』は、韓国で発禁処分になる前に、ともに数十万部を売り上げた。韓国の人口から考えれば、これは大変なベストセラーである。賛否両論含めて、この2冊の本が韓国人の心にいかに大きな衝撃を与えたか、をこの数字はものがたっている。私はこれを見るにつけても、反日一色に染まっているように見えるいまの韓国で、多くの国民の心のなかに、ある種のアンビバレントなものが同時に生まれつつあるように思えてならないのだ。どれほどの言論弾圧を受けようと、この2冊の本が韓国人の歴史認識を変えていく、最初のささやかな一歩になるかもしれない、と私は期待している。

『親日派のための弁明』が日本の書店に並んだのは２００２年だったが、これを読んだときの衝撃を私はいまだに忘れられない。著者の金完燮はソウル大学の物理学科で天文学を専攻した理科系の人物だが、歴史や社会問題にも深い関心を持ち、学生時代はマルクス主義に傾倒していたという。韓国は北朝鮮と国境を接して対峙しているため、共産主義の研究が盛んで彼も唯物論に心酔し、さらにまた反日教育の影響で日本への憎しみに凝り固まっていた。

その彼が30代のときオーストラリアに数年間居住し、国際社会の舞台で日本人を始めとする世界中の人々と幅広く交流するなかで、徐々に祖国の洗脳教育の呪縛から解き放たれ、それとともに日本に対する認識も変わっていったのである。

清朝の冊封体制に隷属していた李氏朝鮮が、５００年間の鎖国を廃止し開国したのは１

876年のことだった。地球全体を支配下に収めつつあった欧米帝国主義列強が、最後の草刈り場となった極東に姿を現すにいたって、その圧力に抗しきれなくなったという点では、朝鮮と日本の置かれていた立場はほぼ同じだった。

だがその後の両国の歩みはまったく異なっていた。日本は新旧両勢力が入り乱れて内戦と葛藤を経た後、明治維新の王政復古の大号令のもと、天皇を中心に国民が小異を捨てて大同団結し、近代化に向けて驀進を開始したのである。

かたや朝鮮はどうだったか。金玉均をはじめとする、改革に向けて高邁な理想を抱いた志士たちが数多くいたにもかかわらず、内外政策は混乱をきわめ、新旧勢力入り乱れて足の引っぱりあいと保身に終止し、その足元を見た諸外国に翻弄され続けた。日清戦争に敗れた中国が朝鮮から後退し、日本の存在が重みを増すと、国王の高宗はロシアを引っぱりこんで日本に対抗しようとし、ソウルのロシア公使館に逃げこんでそこに宮廷を移し、数年間引きこもってしまったのである。

一国の国王が自分の国のなかにある外国の公使館に逃げこんで保護を求める。これを見たすべての国が「これはもうだめだ。朝鮮はもう独立国として存続するのは不可能だ」と認識するにいたった。

このように考えたのは朝鮮をとりまく諸外国だけではない。朝鮮の内部でも「韓国はもはや自力で近代化し独立を保つのは不可能だから、考えられうるかぎり最善のパートナーとなれる国を選んで、その国に統合してもらう以外に方法はない。その最善のパートナーとなれる国は日本だ」と考える人たちが急速に増えていった。

そのような人たちによって結成されたのが一進会である。一進会の署名者数は100万人を超えたから、当時の朝鮮における一大国民運動であり、のちの日韓併合は彼らによって推し進められたといってもよい。このように日韓併合というのは、決して日本の一方的な力づくによって強行されたのではなく、朝鮮の人々のなかにもそれを求める声が広範囲に存在し、それが大きなうねりとなって進行していった、と見るのが正しい。

金完燮は次のように言う。枯れ木のように朽ち果てて倒壊寸前になり、存立不可能の国のなかに生きている国民にとって、その国と心中する義務などどこにもない。国民が生きていけないような祖国は存続するに値しないからだ。その意味において一進会の推進した日韓併合の運動は、実に時勢にかなった賢明なものだった。そのおかげでわれわれの先祖は、日本という最上のパートナーと合邦することによって生きのびることができたのだと。

かつてナポレオンがドイツに攻めこんできたとき、フィヒテは「ドイツ国民に告ぐ」と叫んでドイツ人の愛国心に訴えようとした。それに対してヘーゲルは馬上のナポレオンを指さして「これこそが世界精神だ」と称え、ナポレオンの征服によって、フランス革命の理念が全ヨーロッパに広まることをむしろ願ったのである。金完燮はこのエピソードに触れつつ、「自分はフィヒテよりもむしろヘーゲルに共鳴する」と述べている。

韓国社会の水面下に潜む声なき声

金完燮のこの意表を突く雄大なスケールの視点に私は圧倒された。彼の指摘は、現在の北朝鮮のありさまを見れば納得できるだろう。現在の北朝鮮２５００万人の人たちにとって、守るべき祖国など、生きることができる祖国などどこにもない。彼ら北朝鮮の人たちに対して祖国への愛国心などを求めるのは、愚かで残酷というものだ。北朝鮮の人たちが現在おかれた生き地獄から救い出されるためには、外部の世界に統合されるしかない。それは中国かまたは韓国のどちらかなのだが、現時点ではそのいずれもむつかしい。現在の北朝鮮をかつての滅亡寸前の李氏朝鮮と比べるのは、果たして飛躍のし過ぎであろうか。

金完燮は、満州国建国によって成立した日・鮮・台・満の四者連合による円ブロック経済圏を、当時としては考えられうるかぎりの理想的な経済連合体だったとして評価している。なぜなら日本はそれらの地域に本国の大企業を次々に移転させ、重化学工業などの当時としては先端産業の基地を作っていったからだ。これはとりもなおさず、日本がこれらの地域を本国の延長として、本国と一心同体とみなしていたことを意味する。

これをイギリスのインド統治と比べてみるがよい。2世紀におよんだイギリスによるインド支配の歴史のなかで、イギリスはインドを純然たる原料の生産地、イギリス本国の工業製品のはけ口として位置づけた。木綿工業はインドが発祥の地であり、そのすぐれた綿製品は最高級の衣料としてかつて世界に浸透していた。イギリスはこの伝統的なインドの木綿工業を禁止・破壊し、インドの産業構造を後進国のままに固定してしまったのである。

インドの膨大な人口がもたらす需要によってイギリスの産業革命は完成し、インドはイギリスのドル箱になった。「インドはイギリスの牝牛」と表現されたように、イギリスは200年間でインドからありとあらゆる富を奪いつくし、きれいさっぱり巻きあげた。第2次世界大戦後インドが独立したとき、インドにはイギリスから収奪されつくしたあとの荒廃しか残っていなかった。

イギリスのインド統治は徹底した愚民化政策で、民衆を無知蒙昧のままにして反乱の芽を摘みとろうとした。しかし日本の朝鮮統治は本国と同等の教育をほどこすことによって人材を育成した。これは内鮮一体が単なるかけ声だけでなく、実態として韓国人の社会に定着していたことを示している。戦時中、いかに多くの韓国の若者たちが志願兵として大日本帝国の軍隊に殺到し、戦地で勇敢に戦い、そして散っていったことか。靖国神社には特攻隊で散華した韓国人兵士たちの英霊がまつられている。

金完燮が取材した多くの韓国人は次のように証言する。戦局が悪化した戦争末期においても、ソウルの映画館で日本軍の戦果を報道するニュースが流れると、割れんばかりの大拍手喝采で観客たちは熱狂の渦につつまれたと。内鮮一体は着実に朝鮮民衆の間に定着しつつあったのだ。反日運動が荒れ狂っているいまの韓国を見ると信じがたいことであるが。

私はこれが、韓国社会の水面下に潜んでいる多数の人たちの声なき声だと思うのだ。そのようなことを表明すれば大迫害を受けるから、口に出してこそ言わない。しかし金完燮を『親日派のための弁明』の執筆に駆りたてた動機は、「これは誰かがやらねばならぬことだ」という彼らの励ましだったという。

　この衝撃の本が日本に紹介されてから17年後の２０１９年、続く第2弾として李栄薫の出した『反日種族主義』は、さらなる反響を呼び起こした。これは李栄薫を編著者として、数名の学者グループによる共同執筆だが、アカデミズムに裏打ちされた実証的で堅牢な論理構成は、前作に優るとも劣らない。新しい流れは着実に始まりつつあるようだ。

「公論は敵讐より出づるに如かず」をこれほど雄弁に物語るものはない。

第四章 昭和という時代

戦前の日本を否定する「有名な言葉」

司馬遼太郎の『「昭和」という国家』という作品がある。これは１９８６～87年にかけて、ＮＨＫ教育テレビで全12回にわたり放映された司馬の講演内容をもとに、１９９８年に日本放送出版協会から出版された。司馬が亡くなった2年後のことであり、これは司馬が後世に残した遺書であり、いわゆる「司馬史観」なるものの総決算であるともいえよう。その冒頭に彼の語った次の有名な言葉が登場する。

「日本という国の森に、大正末年、昭和元年くらいから敗戦まで、魔法使いが杖をポンとたたいたのではないでしょうか。その森全体を魔法の森にしてしまった。発想された政策、戦略、あるいは国内の締めつけ、これらは全部変な、いびつなものでした。魔法の森からノモンハンが現れ、中国侵略も現れ、太平洋戦争も現れた」

司馬はさらに続けて次のように指摘する。

「自分はノモンハンのことを調べ書きたかった。あんな馬鹿な戦争をやった人間が、不思議でならない。国というものを博打場の賭けの対象にする人々がいたのだ。ノモンハン当時の日本軍の装備は、元亀・天正（1570〜92）、つまり織田信長の時代の装備にちょっと毛のはえた程度だった。あるのは大和魂だけだった。それが高度に近代化されたソ連の機械化部隊に無謀な戦いを挑み全滅した」

司馬の批判はさらにエスカレートし、その矛先は参謀本部にまで向けられ、次のような指摘となって展開される。参謀本部という異様な集団があった。いつのまにか国家のなかの国家になった。国家中枢のなかの中枢になった。そういう仕組みがいつでき始めたかというと、大正時代くらいから始まっている。もうちょっとさかのぼれば、日露戦争の勝利のときが始まりだった。そういう異様な権力、それがどうも魔法の素らしい。この時代の日本は軍部に支配され占領されていた。国家をたぶらかした人々がいて、日本は彼らに占領されていたのだと。

敗戦後の日本はアメリカに占領されたが、それより前の戦前という時代は、「魔法の森の占領者」である日本の軍部に支配・占領されていたのだ。この「魔法の森の占領者」より、もっと柔らかい占領者が来て大きな文明を持ってきた。なにか世の中が開けたような、太陽が出てきたような、暖かくなったような感じだった。占領といってもこの占領は屈辱的ではない。要するにその前がいけなかったのだ。「魔法の森の占領者」たちがいけなかったのだと。

だが私は司馬のこの指摘に対して、次のような素朴な疑問を抱かずにはいられない。国家がある日突然魔法にかけられたかのように変質する、などということがありうるだろうか。魔法使いが杖をポンとたたいて魔法の森になる、などということがありうるだろうか。司馬のこの指摘は、彼の個人的な思いこみと固定観念によって歴史に勝手な線引きをし、歴史の連続性というものを無視しているのではないだろうか。

ヤスパースのしたたかさと狡猾さ

司馬が「魔法の森」と形容し、この時代の日本は国家をたぶらかした軍部に支配され占領されていたと断ずる、戦前の日本社会へのこの絶叫といってもよい批判をみていて、私はふと次のような思いがこみあげてきた。これは以前どこかで聞いたことのあるような言葉だな、はていつどこでこのような言葉に出会ったのだろうか、と。記憶をたどっているうちにはたと思い当たったのはヤスパースの論説だった。第2次世界大戦終了後、敗戦の西ドイツで論陣を張った、ドイツを代表する論客で哲学者のヤスパースは、次のような興味深い説を展開した。

「ナチスが政権を掌握してから敗戦によって滅亡するまで、ドイツ国民はナチスという悪逆非道な集団によって、国家を乗っ取られていたのである。国民はナチスの恐怖政治と言論統制によって生活のすみずみまで監視され、いっさい反抗することを許されず、むりやり侵略戦争に駆り立てられた。ナチスはドイツ史上において、突然変異で現れた悪魔のような集団であり、極めて例外的な現象である。このようなギャング集団が国家を乗っとって悪逆三昧のかぎりをつくしたために、ドイツ国民もそれに巻きこまれて大変な被害を被った。したがってドイツ国民自身がナチスに虐げられた被害者なのだ。諸悪の根源はすべてナチスという特殊な集団にあるのであって、ドイツ国民自体はなんの責任もない」

ナチスという特殊な集団が諸悪の根源であり、ドイツの一般国民はむしろそれによって虐げられていた被害者なのだ、という巧妙な論理の展開。このヤスパースの理論がまったくの虚構であり詭弁であることは、一目瞭然で納得できるであろう。ナチスイコール諸悪の根源、ドイツ国民イコール犠牲者、という二元論を立てることにより、ドイツ国民自体の罪を免責しようとする意図が、ありありと見てとれるからだ。

おそらくヤスパース自身、自分のこのような説が虚構であり詭弁であることを、心のなかで百も承知していたはずだ。第２次世界大戦後、敗戦国のドイツが世界中の非難と憤怒のただ中で、攻撃の矛先をかわして生きのびるためにも、そしてドイツ国民自身の誇りをとり戻させるためにも、このような詭弁でむりやり理論武装する必要があったのだ。ヤスパースも彼自身無理を承知の上で、あえてこの理論武装の役を買って出たのである。

これは明らかに戦後ドイツの一つの虚構伝説である。ヤスパースはあえてそれを虚構と承知の上で、ドイツ防衛のための論陣を張っているのに対し、司馬は心底からの誠意と善意でもって、日本の歩んだ歴史を「魔法使いが杖をポンとたたいて変な国にしてしまった魔法の森」と断じているのである。それは司馬のお人好しともおめでたさともいってよいだろう。

第一章でもとりあげたが、司馬遼太郎は東京裁判史観の信奉者だった。その司馬にとって、日本と同じく敗戦国として、戦後裁かれたドイツのニュルンベルク裁判は他人事でなかっただろう。この裁判の行方もまた、司馬の精神に大きな影を落としていたはずだ。しかしニュルンベルク裁判史観を巧妙にあやつりながら、敗戦のドイツ国民を守ったヤスパースの、この開き直りといってよいほどの、そしてふてぶてしいまでのしたたかさと狡猾さとしぶとさが、お人好しで、ある意味おめでたいともいえる司馬遼太郎には欠落していたのだ。

ソ連の軍隊は見掛け倒しの張り子の虎

司馬はノモンハン当時の日本軍の装備を「織田信長の時代の装備にちょっと毛のはえた程度」と断じ、かたやソ連軍を「高度に近代化された機械化部隊」と持ち上げているが、これは恐るべき誤解と錯覚である。司馬のこのような指摘はいかなる根拠に基づいているのか。彼は当時の日本陸軍とソ連軍の具体的な資料・データ・記録を踏まえた上で、こう主張するのであろうか。

ソ連崩壊後のロシア側の史料公開と最近の日本側の地道な史料研究により、司馬の解釈に反して、ノモンハン事件は実は日本の大勝利だったことが徐々に明らかになりつつある。具体的な数字でいうと、撃墜された飛行機の数で比べると、ソ連の戦闘機が１６７３機だったのに対して、日本の戦闘機はその10分の１の１７９機だった。破壊された戦車の台数はソ連は８００台、日本は29台である。ソ連の戦車は非常に性能の悪い、走行射撃もできないような低レベルのものが多かった。

日本軍が持っている速射砲や高射砲はソ連軍と比べたら格段に性能のいいもので、ほとんど百発百中の命中率だった。ソ連の戦車はかたっぱしから標的になったのである。日本軍は戦場で捕獲した敵の兵器を見て、その質の悪さに一様に驚いている。撃墜したソ連の飛行機の中には布張機もあったほどだ。司馬の指摘する「高度に近代化されたソ連の機械化部隊」などというのは真っ赤な嘘だった。

ノモンハン事件当時のソ連軍は、スターリンの大粛清でガタガタの状態だった。１９３７〜38年に頂点を極めた大粛清で、最大の標的となったのは軍部だった。スターリンにとって武器を持った暴力装置である軍こそが、自分の権力の座をおびやかす最も恐ろしい存在だったからである。深刻な犠牲が出たのは軍上層部である。１９３７年6月のトハチェフスキー裁判を皮切りに、多くの陸軍元帥、海軍元帥、陸軍司令官、軍団長、師団長が殺された。それより下級の軍人で殺された者となると、天文学的数字になるだろう。

軍に対するこの粛清で、ソ連の軍事力は回復不可能なほどの損失をこうむった。スターリンの支配下でソ連の軍隊は、見かけ倒しの張り子の虎になっていたのである。独ソ戦の緒戦でソ連軍が壊滅したのはスターリンの大粛清が原因だった。いや、これはドイツに対してだけではない。ノモンハン事件でソ連が日本に完敗したのも、よくよく考えてみれば当然のことなのだ。

フィンランドに対しても同様である。ノモンハンの直後、1939年11月に始まったフィンランドとの戦いで、ソ連軍は人口数百万の小国フィンランドを相手に大苦戦をし、12万5000の戦死者を出した。フィンランドの戦死者は4万8000だった。ノモンハンに続くフィンランドとの戦いは、ソ連軍の弱さを全世界にさらし、ソ連は大恥をかく結果になった。

スターリンの側近中の側近でこの大粛清の陣頭指揮をとったベリヤですら、家庭のなかでは苦々しげに自嘲をこめて、息子にそっと次のようにもらしているのである。

「もし権力の中枢にいた人々を皆殺しにするという政策があと2年続いていたら、ドイツとの戦争を待つまでもなく、ソ連は自滅していただろう」

帝政時代の頃からロシアの戦争の弱さは定評があった。旧ソ連も含めてロシアは戦争に弱い民族なのである。現在ウクライナで展開されている熾烈な戦闘は2022年2月24日に始まり、プーチンは当初「1週間でウクライナ全土を制圧して見せる」と豪語したものだった。ところが1週間どころか2年数カ月経った現在も戦線は泥沼状態になり、ウクライナが攻勢に転じてきてロシアは苦戦を強いられている。

これは多くの人にとって想定外のことで衝撃を受けたであろうが、私自身にとっては驚くことでもなんでもなかった。こうなるであろうというのは、当初から予想していたことだった。それは過去の戦史をたどれば一目瞭然だからである。

19世紀のクリミア戦争（1853～56）では、トルコの支援に遠路からおもむいた英仏連合軍を相手に、ロシアは戦場に近接しているにもかかわらず、大苦戦に追いこまれ敗れた。20世紀初頭の日露戦争では、開国間もない極東の一島国の日本に敗れ去った。第1次世界大戦では東部戦線でドイツに完膚なきまでにたたきのめされ、革命が起きてロマノフ王朝は滅亡し、広大な領土と莫大な賠償金をドイツにむしりとられて戦線から離脱した。
1979年に起きたアフガン紛争では、アフガニスタンに侵攻してゲリラ軍に翻弄され、国境を接した隣国でありながら、なすすべもなく敗退した。あの陸続きの戦場で、ソ連がアフガニスタンに勝てなかったのは信じがたいことである。アメリカがベトナム戦争で敗退したのとは、事情がまったく異なるのである。

唯一の戦果は第2次世界大戦でナチスドイツに勝ったことだが、これはアメリカから天文学的ともいえる膨大な物量が支援されたからだ。アメリカ政府の内部に浸透していた、コミンテルンのスパイ網の工作に翻弄されたルーズベルトは、共産ソ連にバラ色の幻想を抱いてしまったのである。これがなければソ連は2500万の死者を出してドイツに征服されていただろう。

第2次世界大戦で日本が降伏したあともソ連は北方から攻めこんできて、満州で、樺太で、千島で、やむを得ず自衛のために応戦した日本軍に各地で撃破され、苦戦を強いられている。

帝政時代のロシアは地球上の陸地の6分の1を支配したが、その大半は人口希薄な不毛のツンドラや砂漠地帯で、原住民からほぼ無傷で手に入れたものだ。ロシアに侵略された清朝やオスマン・トルコなどの大帝国は、崩壊寸前の瀕死の重病人で、まともな戦争のできる国でなかった。日本もふくめた列強との戦争では、ロシアはほぼ負けるか、あるいは苦戦を強いられている。

村上春樹と司馬の影響

それにしても「ノモンハン当時の日本軍の装備は織田信長の時代の装備にちょっと毛のはえた程度」と断じる司馬の思いこみは、どこから出てくるのであろうか。彼のこのような、パラノイアと形容してよいほどの独断と固定観念は何に基づくのか、根拠を示してほしいものだ。

司馬は「昭和になってからも日本はタオルや砂糖やマッチやその程度の雑貨品しか売るものがなかった。アメリカにはキューピーさんのようなおもちゃ、アジアにはタオルとか雑貨とか仁丹とかである。そんな国が帝国主義のまねごとをして大陸へ進出し、河北に偽の政権（冀東防共自治政府）を作った。このたかがマッチ、砂糖、タオル程度のもののために国民党政府は対日戦に踏み切らざるを得なかった」と指摘する。

このような史実を無視した議論がどこから出てくるのか。さきほどの「ノモンハン当時の日本軍の装備は織田信長の時代の装備にちょっと毛のはえた程度」という主張と同様に、司馬の固定観念と思いこみはここまでくると、一種の妄想に近いのではないか、とさえ思えてくる。特に経済史を専門に研究した人でなくとも、司馬のこのような意見が誤りであることは常識的にすぐわかるはずである。

ノモンハンをどう考えるか、で歴史のとらえ方が今後ガラリと変わってくるだろう。ノモンハンをどうとらえるかということは、日本近現代史の解釈と評価に関して、司馬史観によって行われつづけてきた虚偽と捏造から脱却し、曇りなき歴史の再認識にいたるための必要不可欠の手段である。

小田洋太郎・田端元著『ノモンハン事件の真相と戦果』(有朋書院)は、日本軍がソ連軍を撃破した記録が網羅されている貴重な史料の集大成であり、近年屈指の好著である。おそらく今後ノモンハン事件を再検討する上で不可欠の文献となるだろう。

ノモンハンは司馬史観の最終的な到達点であり、彼はこれを最後のライフワークとしてとりかかる予定だったが、それが果たせないまま亡くなった。司馬のこの志は彼の死後、別の人間によって受け継がれることになった。司馬史観のエピゴーネンとして、村上春樹と半藤一利の2人の人物があげられる。エピゴーネンとは「模倣者」とか「追随者」という意味である。

まずは村上春樹からとりあげよう。司馬史観と村上春樹となんの関係があるのか、と思われるかもしれない。だが実はこれが大ありなのだ。村上春樹といえば現在最も人気のある売れっ子作家で、海外にも翻訳され、ノーベル文学賞候補になっているが、彼も司馬史観の大きな影響を受けている一人なのだ、私も最初は気づかなかったのだが、彼の作品を読んでいてあるときはたと思い当たった。

読者諸氏は『ねじまき鳥クロニクル』という長編小説をご存じであろうか。これは物語の底流にノモンハン事件が並行して描かれているのである。村上の作品は非常に象徴的な作風で、ジョイスの『ユリシーズ』やヘッセの『デミアン』あるいはカフカの『城』などの、心理小説の手法をとり入れており、現実と妄想・夢、現在と過去・未来、といった、想念と空間と時間の交錯して入りまじる世界を、シュールレアリスティックに描いている。

彼は大変な博識というか博覧強記で、歴史にも非常に造詣が深い。私は最初『ねじまき鳥クロニクル』を読んでいて、なにゆえ作者の村上がこのようなシュールレアリズム的な心理小説の底流に、ノモンハン事件を持ち出してくるのか、その意図がよくわからなかった。だがその後、彼の旅行記『辺境・近境』を読んで、彼の思いがよく伝わってきた。

村上春樹は大変な旅行好きで、日本はおろか世界の隅々まで、一般の旅行者があまり立ち寄らない辺境地帯をめぐり歩いている。その彼の旅行記録をエッセー風にまとめたのがこの『辺境・近境』なのだが、そのなかに「ノモンハンの鉄の墓場」という一節がある。そこに書かれている村上の言葉を紹介しよう。

「それは日本人の非近代を引きずった戦争観世界観が、ソビエトあるいは非アジアという新しい組み換えを受けた戦争観世界観に、完膚なきまでに撃破され蹂躙された最初の体験であった。しかし残念なことに、軍指導者はそこからほとんど何一つとして教訓を学びとらなかったし、当然のことながらそれとまったく同じパターンが、今度は圧倒的な規模で南方の戦線でくり返されることになった。ノモンハンで命を落とした日本軍の兵士は2万足らずだったが、太平洋戦争では実に200万を超す戦闘員が戦死することになった。そしていちばん重要なことは、ノモンハンにおいてもニューギニアにおいても、兵士たちの多くは同じようにほとんど意味を持たない死に方をしたということだった。彼らは日本という密閉された組織のなかで、名もなき消耗品として、極めて効率悪く殺されていったのだ」

ここに紹介した村上春樹の言葉。これはまさしく司馬遼太郎のノモンハン解釈と、まったく同じであることがおわかりいただけるだろう。「これは司馬遼太郎が書いた文章だ」と言っても100パーセント通用するだろう。村上がノモンハン事件を調べるにあたって、司馬の『「昭和」という国家』を参考にしたことは間違いない、と断言できる。

「念仏平和主義者」の一人にすぎない

上記の村上の言葉で気になるのは、彼は明治以降の日本を旧態依然たる非近代ととらえ、それに対置するかたちでソ連を「新しく出現した非アジア的近代国家」としている点である。村上たちの年齢の全共闘世代に共通しているのは、ソ連の共産主義神話に対する抜きがたい信仰と礼賛であるが、これがいかに大きな誤りだったことか。

ソ連は独ソ戦の戦場に「阻止部隊」を投入していた。この「阻止部隊」は戦闘に突入するソ連軍の背後に控え、戦闘に敗れ退却を余儀なくされた味方の兵士を、機関銃で片っぱしから撃ち殺してまわった。この「阻止部隊」の活躍は、スターリングラードの攻防戦で頂点に達することになる。

かつて13世紀、チンギス・ハーンがユーラシア大陸を遠征したとき、征服した地域の住民を最下層の兵として徴集し、戦場の最前線で死ぬまで戦わせ、敗走してくる者は背後のモンゴル兵が、突き殺す、という戦法を採用していた。それとまったく同じシステムを、20世紀のソ連軍はとり入れていたのである。いやスターリングラードだけではない。今日ウクライナの戦闘で苦戦しているロシア軍に対し、プーチンはこれと同じ戦法を導入している。つまり囚人部隊を編成して戦地に投入し、背後の督戦隊が彼らを銃で脅しながら敵にけしかけるのである。これが、村上が「近代的で非アジア的」であると考えた、共産ソ連の軍隊の実態だったのである。村上春樹はさらにまた次のように指摘している。

「いまでも多くの社会的局面において、われわれが名もなき消耗品として抹殺されつつあるのではないかという漠然とした疑念から、僕はなかなか逃げ切ることができないでいる。僕らは日本という平和な民主国家のなかで、人間としての基本的な権利を保証されて生きているのだと信じている。でもそうなのだろうか？　表面を一皮むけば、そこにはやはり以前と同じような密閉された国家組織なり理念なりが、脈々と息づいているのではあるまいか。僕がノモンハン戦争に関する多くの書物を読みながらずっと感じ続けていたのは、そのような恐怖であったかもしれない」

いま紹介した村上春樹の指摘だが、その前提である彼のノモンハン解釈そのものが間違っているのだから、その結論としての彼の文明批判も間違っていることになる。

ノモンハンをどうとらえるかということは、日本の近現代史を理解する上での一つの分岐点になるのだ。私が強調したいのは、村上春樹のような現在日本を代表する、世界的に読まれている作家で、ノーベル賞候補にまであがっている人物の脳髄までも、司馬史観はその術中にからめとっていたということである。

村上春樹の根底に牢固として抜きがたく巣くっているのは、非戦・反戦・兵役拒否の信念である。そして彼は、これをまじないのように唱え続けていればいっさい問題ない、と信じこんでいる「念仏平和主義者」の一人なのであろう。

村上春樹の作風は、無国籍主義的であるとよく指摘される。彼の作品を作者の名前を伏せて匿名で読者に読ませた場合、どこの国の作家が書いた小説なのかよくわからない、などとよく批評される。

村上が彼の作品のさまざまな場面で展開している世界市民主義の理念は、じつは19世紀以降の空想的社会主義者がくり返し夢想し続けてきた、あるバージョンの一つの焼き直しにすぎない。このような夢想を声高に論議することは、それなりに一つの意義あることかもしれないが、それが一歩まかり間違えばどのような悲劇を引き起こすか、は20世紀の共産主義の歴史を見れば一目瞭然であろう。

ノモンハン事件は日本軍の勝利だった

それでは次に半藤一利のケースをとりあげよう。半藤の『ノモンハンの夏』という作品は、１９９８年に文藝春秋社から出版されるやいなや大評判となり、初版からわずか1年半の間に23刷を重ねる、という驚異的な売り上げを記録した。山本七平賞を受賞したことによって『ノモンハンの夏』の評価はさらに高まり、ノモンハン事件を昭和陸軍の諸悪の根源の象徴とみなす考え方の、決定版になったかのように見えた。

ところが皮肉なことに、ちょうどこの『ノモンハンの夏』の初版が出る前後からであろうか。ソ連崩壊後の情報公開により、従来は門外不出の秘密事項とされてきた極秘文書が、公文書として次々に公開発表されるようになった。その結果、司馬や半藤の唱える「ソ連の進んだ機械化部隊のために、ノモンハンで日本軍が大敗した」という主張は事実と逆であり、実際にはノモンハン事件の戦闘内容は日本軍の圧倒的優勢であったことが、次第に明らかになり始めたのである。

『ノモンハンの夏』では、ノモンハン戦が失敗したのは作戦指導の中枢神経となった辻政信と服部卓四郎のせいである、とされる。この2人が諸悪の根源であり、この2人の悪玉コンビが、ノモンハン戦失敗の責任を問われることなく昇進を続け、その後の日米戦争においても作戦を指導した。その結果日本の敗戦という、ノモンハン戦失敗などとは比較にならないほどの悲劇を生んだのだと。

司馬遼太郎は『坂の上の雲』を完成した後、その延長上に生涯をかけた最後のライフワークのテーマとしてノモンハンを書こうとしていた。これは「昭和の破滅の謎を解明する」という、彼の生涯をかけた目標の究極に位置するテーマだった。だが彼はそれを果たせないまま、1996年にあの世へ旅立った。半藤が『ノモンハンの夏』を上梓したのはその2年後の1998年である。司馬が果たし得なかった最後の夢を、半藤が司馬に代わってかなえたのだ。

半藤が司馬の遺志を受け継ぐかのように書いたのが『ノモンハンの夏』であり、また『昭和史』の第7章に書かれている「ノモンハンの悲劇」という項目である。半藤の文章表現には甚だしい特徴があるのだが、それは形容詞が異様に多いということだ。たとえば陸軍の参謀たちを評して「愚劣、無責任、無謀、独善、泥縄、手前本位でいい調子、おぞけをふるう巨悪、夜郎自大、いい気なものよ」こういった表現のオンパレードなのである。半藤は「ノモンハン事件は陸軍の愚かしさと昭和の破滅の象徴である」という司馬史観の最後の到達点を、石にかじりついてでも守り抜こうとしている。最初に結論が決まっているから、その線に沿って書くしかないのだ。

『ノモンハンの夏』を読んでいて、末尾の部分にわれわれは思わず「おや?」と首をかしげるような意外な記述を発見する。これは全体の末尾の部分に目立たないように、さりげなくそっと挿入されているので、本をほとんど読み終えて頁を閉じかけようとしている読者はその重大性に気づかず、ついつい見落としてしまいがちだ。しかしこれは絶対見落とすことができない重大なポイントである。半藤はソ連の最新情報公開の史料を借りながら、最終章の第7章で次のように指摘している。

「ソ連軍の死傷者も、最近の秘密指定解除によって、惨たる数字が公開されている。全損耗は2万4492人になるという。圧倒的な戦力を持ちながら、ソ連軍はこれだけの犠牲を出さねばならなかった」

この記述がいかに重大な爆弾のような意味を秘めているか、半藤にわからないはずはない。もし彼がそれを承知の上でこの記述をしているのだとすれば、彼は自分の作品全体を構成している前提条件が、すべて根底から覆されてしまうことをみずから認めていることになる。

半藤が『ノモンハンの夏』を出版したのは、ソ連崩壊後の情報公開でノモンハン事件の真相が次々に公開され始めた時期だった。おそらく彼自身、この「小説」の最終稿を書き終える頃になってさすがに、「私はこの旧ソ連公開の最新情報を知りませんでした」ではすまされなくなる、という危惧の念を抱いたのだろう。あらかじめ予防線を張っておく意味でも、末尾の部分に目立たないようにそっとつけ加えたのである。

読者としてはこう尋ねたくなるだろう。「『圧倒的な戦力を持ちながらソ連軍はこれだけの犠牲を出さねばならなかった』。それではノモンハン事件はどちらが勝ったのか」と。半藤は『ノモンハンの夏』の最後の土壇場で「ノモンハン事件はじつは日本軍の勝利でした」と一言だけそっと示唆して、読者にどんでん返しを食わせ、煙に巻いているのである。しかもそれに対する説明はいっさいなされていない。

半藤一利が代わって成し遂げた仕事

半藤がその後、2004年に上梓したのが『昭和史』（平凡社）である。そのなかで『ノモンハンの夏』とまったく同じ主張が、そっくりそのまままくり返されているのを見て私は驚いた。半藤はほんの申しわけ程度に「ソ連軍もモンゴル軍を含めると大変な死傷者を出していて、日本より多いんです」と旧ソ連の最新公開情報をそっと示唆し、ソ連軍のほうが日本軍よりも大きな被害が出た事実を渋々認めながらも、そのあとに次のように述べている。

「それで近頃、うわついた評論家など『ノモンハンは日本が勝ったのだ』と言う人が少なくありません。そりゃ死傷者数だけ見れば、日本の兵隊さんが本気になってよくぞ戦ったというところもありますが、結果として国境線は相手の言う通りになったのです。日本軍が勝ったなどとても言えません」

ソ連崩壊とともに極秘資料の公開が進み、ノモンハンの真相が次々に明らかにされつつあるなかで、半藤は「ノモンハンは近代日本の悲劇の原点である」という司馬史観の最後の到達点を、石にかじりついてでも死守しようとしているかのように見える。しかしこれは完全な本末転倒である。

従来、司馬や半藤が強調したノモンハン論議の本質は、「日本がソ連の要求に屈して相手のいう通りに国境線を認めた」などといった、日本の外交戦や情報戦のレベルを問題にしたものではない。彼らが一貫して強調してきたノモンハン論議の本質は、「高度に近代化された共産ソ連軍の機械化部隊に対し、織田信長の時代にちょっと毛のはえた程度の貧弱な装備の日本軍が肉弾戦を挑んで、一方的になぶり殺しにされた悲惨な戦闘になった」などという、なんの根拠もない、兵器や装備の戦術レベルにおける戦闘内容の評価に関するものだった。

そしてこれは「科学技術の軽視と非合理主義が近代日本の悲劇だった」とする司馬・半藤史観の原点でもあった。しかし兵器や装備の戦術レベルにおける、ノモンハンの戦闘内容の真相は、日本軍の圧倒的優勢だったことが明らかとなったいま、司馬・半藤史観は完全に論破され破綻しているのである。

それにしても、ノモンハン事件当時の日本陸軍の装備について、「織田信長の時代にちょっと毛のはえた程度の貧弱な装備の日本軍」などと、司馬遼太郎はよくもこんな根も葉もないでたらめが書けるものである。まさに「講釈師、見たかのように嘘を言い」である。

結果的に外交交渉のまずさで、国境線が相手の要求に押しきられたからといって、それは司馬や半藤が従来展開してきたノモンハン論議の本質とはなんの関係もない。ただ単に自分の誤りを認めたくない、という負け惜しみの言いわけにすぎない。

半藤は『ノモンハンの夏』の最後のしめくくりに、服部卓四郎と辻政信を登場させ、ノモンハン事件を「敗北に導いた」この悪玉コンビが、その責任を問われることもなく、その後ふたたび悪霊のごとくによみがえって対米戦争を指導し、国家を破滅に追いやった、と述べて物語の幕をおろしている。これはまさに、司馬遼太郎が司馬史観の総仕上げとして完成させようとしていた最後の仕事を、半藤一利が代わってなしとげたのであった。

しかしこのような事実に反した俗説ともいうべき司馬史観の呪縛から、われわれはいいかげんに解放されなければならない。ノモンハンをどう解釈するか、で歴史のとらえ方がガラリと変わってくるのである。

私が半藤に対して以前からずっと感じていることだが、彼には一つの気になる癖があるのだ。彼は世論に非常に敏感というのか、アンテナを張りめぐらせて大勢の変化をキャッチしながら、風見鶏のように即座に対応できる人なのである。

かつて月刊誌の『中央公論』が「日露戦争百年と司馬遼太郎」という特集を組んだとき、私も原稿を依頼され、私は司馬史観に批判的な立場で執筆した。それと相前後して読売新聞が「司馬史観見なおし」の一大キャンペーンをおこない、このような世論の流れが生じると見るや、半藤一利の論調も微妙に変化するのである。その直後、彼は月刊誌『諸君！』で、司馬史観の中核である「乃木希典は愚かな将軍だった」という通説に異議を唱えるようなポーズをそっと示している。明らかに世論の変化を意識しての行動である。

これは司馬史観のほとんど受け売りに近かった、それまでの半藤の立場と矛盾する。私は半藤の弁明を求める必要があると判断し、その後月刊『中央公論』に執筆する機会があったおり、彼に公開論戦を申しこんだのだが、結果は無視された。

第五章　辻政信の真実

半藤は辻政信を「絶対悪」とみなしている

辻政信。この名前を耳にしたとき、多くの日本人の心に最初に思い浮かぶイメージとはどのようなものであろうか。

戦後日本の社会で賛否両論含めて、この人ほどさまざまな評価にさらされた人物は珍しい。「作戦の神様、軍事の天才、大東亜戦争の英雄」といった肯定論から、「愚劣、無責任、大ほら吹きのペテン師、おぞけをふるう巨悪」といった否定論にいたるまで、彼には常に多くの毀誉褒貶がつきまとってきた。

彼の生涯はまさに波瀾万丈と呼ぶにふさわしい。陸軍大学トップクラス卒業、恩賜の軍刀拝受、というエリート軍人としての輝かしいスタートを切り、戦時中は「作戦の神様」と呼ばれ、ノモンハンやマレーやガダルカナルなどの多くの作戦を指揮した。その独立不羈、傲岸不遜の性格ゆえに周囲からは「猛獣」などと揶揄された。

日本の敗戦直後、連合軍支配下のタイを脱出し、数年間アジアに潜伏し、帰国後出版した『潜行三千里』は空前のベストセラーになり、マスコミの寵児になった。その勢いを背景に国会議員選挙で連続トップクラスの当選を果たし、昭和36年に東南アジアに向かい、ラオスのジャングルで行方不明になった。生存説や他殺説など多くの風評が飛びかったが、その真相は今日にいたるまで不明である。

大東亜戦争のヒーローとしてもてはやされていた辻政信のイメージが、「おぞけをふるう巨悪」「昭和前期の諸悪の根源」へと変わったきっかけは何だったのか？　それは彼がラオスで消息不明になってから十数年後、国民作家と呼ばれた五味川純平が文藝春秋社から出した『ノモンハン』である。彼はこの本のあとがきのなかで、次のように結論づけている。

「ノモンハン戦失敗の図式は、3年後のガダルカナル戦失敗の図式に酷似している。特に作戦指導部の考え方において、そうである。作戦指導部の中枢神経となった参謀2名が両戦に共通しているからでもあろうが、当時の軍人一般、ひいては当時の日本人一般の思考方法が然らしめたものであろうか。先入主に支配されて、同じ過誤を何度でもくり返す。認識と対応が現実的でなく、幻想的である。観測と判断が希望的であって、合理的でない。反証が現れてもなかなか容認しない。これらは、今日の時点からは、ほとんど理解困難である」

つまり作戦指導の中枢神経となったのは、辻政信と服部卓四郎なのだと。この2人の悪玉コンビが、ノモンハン戦失敗の責任を問われることもなく昇進を続け、その後の日米戦争においても作戦を指導し、その結果、ノモンハン戦失敗などとは比較にならないほどの巨大な悲劇、すなわち日本の敗戦をを生んだのだと。五味川はこう言いたいのだろう。

この五味川の指摘は、第四章で紹介した村上春樹の「ノモンハンの鉄の墓場」とまったく同じである。村上春樹は五味川の指摘を、ただなぞっているだけにすぎない。司馬遼太郎もこの五味川の指摘に飛びついた。半藤一利も飛びついた。昭和の破滅の謎を解明することを、最後のライフワークのテーマにしていた司馬にとって、この五味川の指摘はまさに天啓のように響いたことであろう。司馬はノモンハン関係の史料を相当集めていたようだが、その作品化を果たせないまま亡くなった。その司馬に代わって半藤一利がその志を受けつぎ、『ノモンハンの夏』を書いたのである。

『ノモンハンの夏』の第二章「関東軍作戦課」の冒頭で、半藤は辻政信と戦後初めて対面したときのエピソードを、ユーモラスに描写している。彼が出版社に就職してまもない昭和29年の暮れ、国会議員となっていた辻政信を取材と原稿依頼のため議員会館に訪ねた。そのときの描写を次に紹介しよう。

「元陸軍大佐・陸軍作戦参謀のエースどのは、代議士先生になっていた。源平時代の比叡山の荒法師を思わせる相貌・炯々たる光を放つ三角眼で、先生は得意の日本防衛論をまくしたてた。……その気焔のうちからは、もう一度先頭に立って、軍を率いる夫子自身の決意と熱望のほかのなにものも浮かんではこなかった。なるほど、この雄弁をもって作戦課をリードしたのかと合点し、大いに納得するところがあった。そのときに執筆を依頼した原稿『沈潜忍苦の十年』が、翌30年3月刊の『文藝春秋』臨時増刊『読本・戦後十年史』にのっている。戦犯からのがれるため中国大陸からひそかに日本に上陸し、逃亡につぐ逃亡をかさねた十年間をふりかえったもので、つまり『潜行三千里』の後編である。例によって張り扇的な痛快な冒険談で、読者の興味をうまくひいている」

この描写に続けて辻政信の本性を大ほら吹き、ペテン師であるとして揶揄している。辻政信に対する人物評価はこのようなトーンがベースとなり、さらに服部卓四郎をコンビとして組ませ、作品のなかで辻と服部をいわゆる悪の権化として描いている。それはあとがきのなかの次の描写でクライマックスに達する。要約すると次のようになる。

「横光利一の遺作に『微笑』という短編がある。そのなかに出てくる天才数学者の青年は、殺人兵器の完成に没頭しているが、殺人兵器が完成に近づいたとき戦争が終わり、発狂死してしまう。汚れのない人間はまともな日常のおのれに帰れば、精神を平衡に保とうにも保たれない。ふつうの人間とはおそらくそういうものであろう。

ところが戦後の辻参謀は狂いもしなければ死にもしなかった。いや、戦犯からのがれるための逃亡生活が終わると、『潜行三千里』ほかのベストセラーをつぎつぎとものし、立候補して国家の選良となっていた。議員会館の一室ではじめて対面したとき、およそ現実の人の世には存在することはないとずっと考えていた『絶対悪』が、背広姿でふわふわとしたソファに座っているのを眼前に見るの想いを抱いたものであった。

大袈裟なことをいうと、『ノモンハン事件』をいつの日にかまとめてみようと思ったのは、その日のことである。この凄惨な戦闘を通して、日本人離れした『悪』が思うように支配した事実をきちんと書き残しておかねばならないと」

このあとがきに書かれた文章表現を見るかぎりでは、半藤は辻政信を「絶対悪」とみなしているが、人間に対する評価というものは、さまざまの視角からの分析が可能なので、その本質を単純化して描くことについてはしばしば困難を伴う。半藤が辻政信を「絶対悪」と一刀両断しているのは、司馬史観の総括でもあるのだが、果たしてこれはどこまで真実なのだろうか。我々は果たしてこれを、額面通りにそのまま受けとってしまっていいのだろうか。

マレー作戦の成功で「作戦の神様」に

辻政信の軍人としての生涯のなかで、燦然と栄光に輝いている金字塔はマレー作戦である。対米英開戦直後のこの戦いで、彼は第25軍作戦主任参謀として、第5師団の先頭に立って作戦を指揮し、世界の戦史上前例がないといわれるほどの日本軍の完全勝利に貢献した。辻が「作戦の神様」の名をほしいままにしたのは、このマレー作戦においてである。

そこで本章では、まずはこのマレー作戦をとりあげ、ふり返ることによって、辻の果たした役割を再評価し、彼に対してこれまで不当に注がれてきた偏見と誤解を解く鍵としたい。

シンガポール陥落は第2次世界大戦における、いや世界の戦史における、特筆すべき金字塔である。日本陸軍の一糸乱れぬ兵士の統率と、死をも恐れぬ勇敢な戦闘。兵員・物量ともに上回る敵の大軍を、寡兵でもって短期間に、しかも最小の犠牲で降した日本陸軍のみごとな作戦は世界を驚倒させた。これはドイツ軍の電撃作戦の勝利に比べても、たとえ規模こそ異なれ、遜色ない栄光に包まれている。シンガポール攻略戦は、日本陸軍の強さを全世界に知らしめた戦いだった。

英領マレーとタイの国境近くに、イギリス軍がジットラーラインと呼ばれる強力な防御陣地を築いていた。イギリスは国境近くのこの最前線を最も重要視していて、この防御にはイギリス第11師団の全力をあてていた。日本軍がこのジットラーラインを突破しようとすれば、1個師団（2万）の全力を傾けても3カ月はかかるだろう、というのが大方の予想だった。

ところがなんと、この1個師団をもって攻撃しても、落とすのに3カ月かかるであろうといわれたジットラーラインを、佐伯支隊500名が15時間で落としてしまったのである。

読者諸氏は信じられるだろうか。日本陸軍のわずか５００名足らずの支隊が、１個師団が防御する敵の陣地を、たった15時間で崩壊させてしまったのだ。これが当時の日本陸軍の掛け値なしの実力だったのだ。

１９４２年1月31日、ついに日本軍第25軍はマレー半島最南端のジョホールバルを占領、入城した。マレー半島上陸以来、１１００キロの道のりを55日という驚異的なスピードで進撃したのである。

王宮の高地から見おろす眼下には、幅１５００メートルのジョホール水道を隔てて、敵のシンガポール要塞が眼の前にそびえている。１０００門の火砲と無尽蔵の弾薬と林立する対空高射砲を擁するイギリス軍は、いまや最後の、そして最大の決戦を行うべく、日本軍の前に立ちはだかっていた。

海からはいかなる攻撃をしかけても、永久に難攻不落を誇るシンガポールだったが、弱点が一つだけあった。それはジョホール海峡をはさんでマレー半島に向き合う、背後の防備が不完全だったことだ。だがこれには無理もない面もある。タイの南部のマレー半島に上陸した日本軍が、１１００キロのジャングルを駆け抜けてシンガポールを襲うなど、彼らの常識では考えられない作戦であり、まったくの想定範囲外だったからだ。またもし仮に日本軍がそのような作戦を強行したとしても、シンガポールに到達するには最低1年はかかり、その時間を利用して背後の防備に余裕をもって着手できると踏んだのである。それをまさか日本軍が55日でシンガポールに到達するなどとは、彼らは夢想だにしなかった。

2月8日日本軍は最後の攻撃を開始した。鬼神も避ける猛攻撃が1週間続いたあと、2月15日突如として敵が降伏した。イギリス軍がもう少し粘っていたら、シンガポール攻略戦は確実に長引いたと思われるが、まことに戦争とは、最初に弱気になったほうが負けなのである。日本軍の鬼神も避ける猛攻撃が、敵の戦意を喪失させたのだ。

要塞戦は守るほうが有利で、攻めるほうは苦難を強いられる。要塞を攻略して落城させるためには、攻める側が通常3倍の兵力を要するとされている。それをシンガポール攻略戦は、5万にも満たない日本軍が、要塞に立てこもる12万のイギリス軍を1週間で降伏させたのだ。マレー半島の1100キロのジャングルを、激戦を重ねながら55日で駆け抜けた、というのも信じがたい話だが、シンガポール要塞を1週間で落としたのもまた、前代未聞の偉業だった。

余談にそれるが、かつて山下奉文将軍がドイツを訪れてナチスの領袖ゲーリングと面会したとき、ドイツの高級参謀たちは「日本軍がシンガポールを攻略しようと思えば、5個師団を投入して、しかも1年半という時間が必要になるだろう」と分析していたという。これを思えば、シンガポール陥落がいかに世界史的な大事件だったか、読者諸氏は納得がいくであろう。

これが当時の日本陸軍の実力だったのである。日本陸軍はこれほどまでに強かったのだ。互角の装備で戦闘をやらせたら精強無比、おそらく世界最強の軍隊だっただろう。シンガポール陥落の電撃戦に全世界が驚倒したのも当然である。スターリンはこの報を耳にして、日本陸軍が北進しなかったことに、あらためて安堵の胸をなでおろしたことだろう。

ずば抜けた頭脳の持ち主でわが道を行くタイプ

辻政信は第25軍作戦主任参謀として、このマレー作戦とシンガポール攻略戦で、最初から最後まで最前線に立って砲煙弾雨に身をさらした。日本軍を前代未聞の大勝利に導いたのは、彼の神算鬼謀の作戦によるところが大きく、まさしく「作戦の神様」の名にふさわしい。

辻の性格はずば抜けた頭脳の持ち主にありがちな、狷介というのであろうか、誰が何と言おうとわが道を行くタイプである。見方によっては傲慢で偏狭と映ることもあるだろう。このような人物は他人に理解されるのをよしとせず、周囲との協調性に欠けているから、多くの人から誤解されて浮き上がってしまう。この点、天才とうたわれた石原莞爾に通じるところがあるかもしれない。

辻の場合、「猛獣」とあだ名されたような横紙破りの言動が目立ちすぎたために、ときには暴走することもあり、周囲とのトラブルが多々生じていたようだ。これらのエピソードが、後に司馬や半藤の辻政信に対する辛辣な評価につながっていった一面もあるだろう。

だが彼には非常に高潔で清廉潔白な面もあった。マレー作戦でクアラルンプールに入城したとき、辻の徹底した指導で、現地住民に対する日本軍の略奪暴行はほぼ皆無だったのである。さらにまた上海事件で彼が現地に乗りこんでいったとき、日本軍の高級将校たちが紅灯の巷で遊興三昧に耽っているのを見て憤慨し、綱紀粛正の命令を発して引き締めているのである。

3年前のノモンハンの死闘でスターリンを震え上がらせた日本陸軍の底力は、このマレー作戦とシンガポール攻略戦で、勝るとも劣らぬスケールで遺憾なく発揮された。その背景には、第25軍司令官山下奉文中将の遺徳と人格が大きな力を及ぼした。山下将軍は日本陸軍史上に燦然と輝く名将中の名将である。いや日本陸軍のみならず、第2次世界大戦全体を通じて、世界最高の英雄の一人に数えられるだろう。

私事にわたって恐縮であるが、私の父の叔父（私にとっては大叔父）の福光正義は戦前の内務省官僚だった。日本軍の進攻とともに日本の軍政下に入った英領マレーに軍の司政官として派遣され、クアラルンプールで2年間内政指導をした経歴をもつ。戦後の公職追放で内務省を追われ、故郷の鳥取県に54歳の若さで隠棲したが、軍政両面のそれぞれトップ同士で互いに協力し合った山下将軍に対しては、生涯畏敬の念をもちつづけていた。大叔父の語っていた次の言葉は、いまも私の記憶に鮮明に残っている。

「山下将軍はじつに立派な人だった。無私無欲に徹し、軍政下でありながら末端の民衆の生活の隅々にまで心を配り、その生活向上につねに心を砕いておられた。ただたんに軍人としてだけでなく、一個の人間としてもあれだけの人格者にはめったにお目にかかったことがない。将軍は私の生涯で出会った人のなかで、最も尊敬すべき人物だった」

山下奉文はその後大将に昇進し、フィリピンを防衛する第14軍司令官に任ぜられ、凄惨な敗退戦を指揮して終戦を迎え、戦後マニラで絞首刑に処せられた。いかに敗軍の将とはいえ、相手は軍司令官の陸軍大将である。これだけの肩書と地位を持つ人間を、現地でろくな裁判もせずに無造作に処刑してしまったことは礼を失するとして、のちに非難と問題を引き起こした。緒戦で苦杯をなめさせられた米英としては、日本軍の栄光の象徴である山下を徹底的におとしめ、名誉を剝奪せずにはいられなかったのだろう。

シンガポール陥落後、日本軍は余勢をかってフィリピンでもアメリカ軍を追いつめ、バターン半島ではやや苦戦をしたものの敵を降し、続くコレヒドール要塞も落として、5月初めフィリピン全土を征服した。それとほぼ同時期に日本軍はイギリス軍を破ってビルマを占領。蘭印もすでに日本軍の支配下となり、ここに日本軍の当初の作戦計画はすべて達成された。世界史上前例がないといわれるほどの短期決戦の勝利であり、おかげで日本は当面やることがなくなってしまったほどだ。

開戦後最初の半年間、日本軍の栄光は頂点に達し、わが世の春を謳歌していた。だが6月のミッドウェーの大敗北、8月から始まるガダルカナルの敗退によって、日本の運命はあっという間に栄光から奈落へ転落するのである。この運命の反転を招いたのは何だったのか？　それではこれから辻政信が指揮したガダルカナルの戦いをふり返りながら、その原因を探っていこう。

ガダルカナルに固執した山本五十六

太平洋における日本陸軍の悲劇を象徴するものとして、よく引き合いに出されるのがガダルカナルの敗退戦である。この島でのすさまじい飢餓地獄を招いた張本人としてよく槍玉にあげられるのが、陸軍作戦参謀の辻政信である。彼は戦後さまざまの毀誉褒貶にさらされてきた。陸軍悪玉論の象徴のように彼をみなす人も多い。その根拠として指摘されるのが、ノモンハン事件のとき辻政信が作戦指揮をして大敗北を招いておきながら、その責任を少しも問われず、ガダルカナルでさらなる大失敗をくり返した、というものである。

このような辻政信批判の筆頭にあげられるのが、五味川純平、司馬遼太郎、半藤一利、村上春樹、といった面々である。

だがノモンハン事件に関しては、この戦いが日本軍の大勝利であったことは、これまで再三にわたって詳しく説明し証明したとおりであるから、そのような指摘はもはや意味をなさない。それではガダルカナルの悲劇を招いたのは、はたして辻政信だったのか？　これはまったくの本末転倒であり、見当違いもいいところである。

そもそもガダルカナルに最初に着目したのは海軍だった。その理由は、これがアメリカとオーストラリアを結ぶ交通上の要衝にあり、戦略的に重要な地点だと判断したからである。さらにまた南太平洋のフィジー、サモアにまで戦線を拡大する際の基地にもなると考えたのだろう。

それはそれでたしかに一理ある考えだが、すでにミッドウェーの大敗北で日本海軍の戦力は激減しているのである。この時点でのかなり弱体化した日本の海軍力で、あえてガダルカナルに固執する必要がどこにあるのか？

だが山本五十六はあくまでもガダルカナル攻略に固執した。これは完璧に彼の戦略ミスだった。当時日本軍の最前線基地はラバウルだった。敵軍の最前線基地はエスプリット島だった。ラバウルからガダルカナルまでの距離は１０００キロである。エスプリット島からガダルカナルまでの距離は６００キロである。地図を見れば一目瞭然で納得できると思うのだが、ガダルカナルは軍事的に考えて、明らかに敵の勢力範囲内にあり、誰が見ても敵のものである。

ガダルカナル上空で空中戦をやろうとすれば、日本はラバウルから飛行機を飛ばすしかないが、１０００キロの距離を飛んで戦場に着くころには、滞空時間は15分しか残されていない。いかに日本のパイロットが優秀でも、わずか15分ではまともに戦えるはずがない。かたや敵の飛行機は満を持して待ちかまえている。こうして空中戦でも日本は完全に守勢に立たされた。

日本は一刻も早くガダルカナルから完全撤退すべきだったのである。だがそれを阻んだのは、ミッドウェーで大勝利したという海軍の虚言報道だった。このような重大な嘘を一つつくと、それを糊塗するために、そのあとも次から次へと嘘をつきつづけなければならなくなるのである

ガダルカナル占領を企図したのは、山本五十六の選んだ戦略だった。陸軍としては、こんな地図にも載っていないような南のはずれの孤島に、なぜ海軍がこだわるのか理解できない。しかしガダルカナルをぜひ奪回してほしい、という海軍の依頼を断るわけにはいか

ない。緒戦の大戦果に舞い上がった海軍は、戦争の主導権を完全に握っており、戦争の本来あるべき姿の陸主海従が逆転して、海主陸従になってしまっていたからである。海軍の依頼で心ならずもガダルカナル攻略に乗り出したとはいえ、ひとたび着手した以上は、命をかけてでも貫徹するのが陸軍の伝統である。ましてやミッドウェーで大勝利したと海軍が発表しているのだから、陸軍としては海軍の強力な護衛のもと、ガダルカナルで楽勝できると踏んだのだろう。

ところがいざ蓋を開けてみると、補給線を海軍がろくに守ってくれない。ミッドウェーで敗れて実際は戦力が激減している海軍としては、ない袖は振れぬ、というのが実情だったのだろうが、陸軍のいらだちは募るばかりである。辻政信がガダルカナルにおける劣勢を無視して、無茶な猪突猛進をした、とよく批判される。バクチで負けた分をとり返そうとして、さらに勝負をくり返して負け続けるような馬鹿なことをした、とよくいわれる。

しかし海と空の支援を断たれて絶望的な状況に追いこまれた場合、辻政信ならずとも誰でもこのような苦しい戦いをやらざるを得ないだろう。陸軍をこのような悪循環に追いこんだ張本人は山本五十六だった。海軍の虚言とでたらめの大戦果報道が、日本の国家戦略を根本から誤らせたのである。

海軍のでたらめな大戦果報道

12月に入ると、ガダルカナルの状況が完全に絶望的であることは誰の目にも明らかになり、もはや即刻撤退以外にないところまで追いこまれていた。ここにおよんで大本営は辻政信を急遽戦地から東京へ呼びもどし、戦地の状況報告をさせ、陸海軍の合同会議を設けた。辻政信は次のように発言した。

「ガダルカナルで勝てる見こみはまったくない。これ以上無意味な犠牲を出さぬためにも、ガダルカナルからの撤退を、この会議で即刻決定していただきたい」

しかしガダルカナルの悲劇に最大の責任を負う海軍としては、面子にかけてもそれはできず、この期におよんでもなお戦闘の続行にこだわっていた。陸軍と海軍の間で激しい議論の応酬が始まり、12月31日御前会議で天皇の決済を仰ぎ、ようやくガダルカナル撤退が裁可されたのである。あまりにも遅すぎた決定だった。

しかし日本の最前線は拡大して伸びきっていた。本当をいえば、この時点でラバウルもニューギニアも放棄すべきだったのである。そうしていれば、その後の戦況はまったく変わっていただろう。ミッドウェーの大敗北はたしかに日本にとって大打撃だったが、この時点で日本軍の戦線はまだ崩壊していない。太平洋ではミッドウェー以後も１９４２年いっぱいを通じて、日本のほうがアメリカよりも海軍力はまだ優勢だった。この時点で戦線を大幅に整理縮小して再構築していれば、まだ立ち直れるチャンスは十分あったはずだ。結局日本海軍不敗の神話が国民をがんじがらめに縛りつけ、身動きできなくさせてしまったのだ。その結果、拡大して伸びきった最前線に、必要にも満たないわずかな兵力を逐次投入しては全滅する、という最悪のパターンをくり返すことになったのである。

日本は太平洋を舞台にアメリカと戦争する場合、補給線を確保して持久戦にもちこまなければならない。これを漸減邀撃作戦という。邀撃とは迎え撃つという意味である。日本海軍は守備範囲を日本周辺および極東地域に限定し、攻め寄せてくる敵艦隊を迎え撃つ。広大な海洋を長距離を駆けて侵攻してくる敵艦隊を、その途中で待ち伏せる潜水艦その他で攻撃しつつ、敵の戦力をジワジワと傷つけ消耗させていく。戦力の低下した敵艦隊が日本の近海に近づいたところを、待ち受けている日本艦隊主力が迎撃し、一気に撃滅する。

国力で劣る日本が、超大国アメリカを相手に広大な太平洋を舞台にして戦う場合、互角にわたりあえる方法はこれしかない。まかりまちがっても日本海軍は、限定された守備範囲を越えて、広大な太平洋に作戦を展開してはならない。これは当時の日本の国力を考えれば最も合理的な戦法である。ところが山本五十六は、海軍が長年にわたりその頭脳を総力結集して練りあげた伝統的な漸減邀撃作戦を無視し、アメリカ艦隊との決戦を求めて宇宙空間のように広大な太平洋を彷徨する、という最もやってはいけない選択をしてしまった。

私は山本五十六を頭脳的に劣っていた人だとは思わない。人並み外れた明晰な頭脳の持ち主だったのだろう。飛行機の重要性に早くから着眼し、将来の海戦は空母の機動部隊の艦隊決戦になると早くから予言し、世界に先がけて航空主兵論をとなえた、その先見の明は大したものである。しかし実際の戦争指導に失敗したというただこの一点が、彼の軍人としての評価をすべて決定してしまうのである。

歴史はとことん究明されねばならない。失敗も成功も含めて過去の事例から多くの教訓を学びとり、それをさらに輝かしい未来へつなげていくためにも。山本五十六と日本海軍についての私の考察をどう受けとめるか、これは読者諸氏の自由である。

１９４４年10月のレイテ沖海戦を見てみよう。この海戦はいずれ消滅することが確実な連合艦隊に最後の花道を歩ませてやろう、という武士の情けから決行されたものである。すなわちマッカーサーに率いられた米軍20万が、レイテ島に上陸する瞬間をねらって、そこに戦艦大和を突入させ、20万の米軍を粉砕する作戦である。この場合大和は生還することができず、そこで沈むしかないが、20万の米軍と刺し違えることができれば願ってもない大戦果である。

この作戦は成功寸前のところまでいった。北から接近した囮の小沢艦隊を米軍が日本軍の主力と錯覚し、まんまと日本のしかけた罠にはまり、そちらへ主力を向けておびき出され、レイテ湾はがら空きになった。栗田艦隊はこのすきを突いてレイテ湾に接近し、突入寸前、あと2時間という距離までいった。だがこの千載一遇の好機を前にして、栗田艦隊はなにもせずに引き返してしまったのである。東京の大本営から「いまこそ突入せよ」と何度も何度も無電による命令が入ってきているにもかかわらずである。マッカーサーはまさしく、九死に一生の命拾いをした。

栗田艦隊はなぜなにもせずに引き返したのか？　帝国海軍の象徴であり日本のシンボルでもある戦艦大和を最後まで温存したいと思ったのか。あるいはレイテ湾で１００パーセント死ぬことがわかっている、玉砕の恐怖に耐えられなかったのか。いずれにせよ栗田健男中将は大本営の命令に背いて退却したのだから、これは立派な敵前逃亡であり、軍法会議では死刑に値する重罪である。にもかかわらず栗田はなんらその罪を問われることなく、戦後も生き残った。これではレイテ作戦を成功させるために囮となって死んでいった、小沢艦隊の英霊たちが浮かばれない。戦艦大和はレイテ湾においてこそ沈むべきだったのである。

この時期、海軍の虚言報道がいかにすさまじいものだったか、数字で見てみよう。レイテ沖海戦の直前、台湾近海で行われた台湾沖航空戦で、海軍は敵空母を11隻撃沈したと発表している。しかし実際の戦果はゼロだった。さらにレイテ沖海戦では敵空母を8隻撃沈したと発表している。しかし実際の戦果は3隻（そのうち2隻は特攻機の命中によるもの）だった。でたらめの大戦果をこれでもかこれでもかとばかりに捏造する、海軍のこの虚言報道が、戦争末期における陸軍の作戦をも大きく狂わせたのである。

海軍のでたらめの大戦果報道がなければ、陸軍はフィリピンの最後の守りはルソン島で固め、ここで邀撃決戦をするつもりだった。それを変更し、8万もの陸軍を引き抜いて前方のレイテ島に振り向けたが、これは栗田艦隊に見捨てられたため、ほとんど全員が餓死した。2年前のガダルカナルの惨状をはるかに上回る規模の、すさまじい餓死地獄がくり広げられたのである。そして主力のルソン島守備隊も、引き抜きによる戦力低下のため、なすすべもなく全滅したのである。

戦争末期、日本陸軍が挙げた偉大な戦果

大東亜戦争で戦死した日本の軍人は200万といわれるが、このうち中国の戦線で命を落としたのは40万前後であり、残りの160万は太平洋でアメリカを相手に命を落とした。しかもその大半、100万以上が餓死と病死だった。戦場で敵と戦う前に孤島のジャングルで犬死にしたのである。かたや日本と戦ったアメリカの戦死は（彼らの発表によれば）十万にも満たない。どうせアメリカに負けるにしても、まさかこれほど一方的にやられっぱなしのワンサイドゲームになろうとは、日本としても想定外だった。

辻政信は常日頃から「敵と同等の物量なら100パーセント勝つ。半分でもどうにか勝ってみせよう」と公言していた。これは南方の島々で飢えと病気のために野たれ死にしていった陸軍兵士たちの、偽らざる本心からの叫びだった。ノモンハンの激戦で、あるいは

マレー作戦の快進撃で遺憾なく示され、全世界を驚倒させた日本陸軍兵士たちの鬼神も避ける強さ。これが当時の日本陸軍の掛け値なしの底力だったが、それを発揮できなかった彼らの無念の絶叫だったのである。

読者諸氏はここまで読み進んできて、司馬・半藤史観の中核をなす陸軍悪玉・海軍善玉論がいかに根拠のない主張であるか、納得いただけただろうか。ポツダム宣言の受諾をめぐって、陸軍が最後まで本土決戦にこだわったその無念な気持ちが、私にはわかるような気がするのだ。海軍のでたらめな作戦のおかげで、太平洋での戦闘はやられっぱなしだったが、陸軍はまだ負けていない。本土決戦で最後の本格的な地上戦闘を決行して大戦果を挙げ、その強さを全世界に示しておかないことには、陸軍としてはこの戦争を終えるに終えられない。これが彼らの偽らざる本音だったのではないだろうか。

ここで戦争末期、断末魔の日本軍がいかに勇敢に戦い、そして偉大な戦果をあげたか、彼らの名誉のために次の諸点を明らかにしておこう。１９４５年2月の硫黄島の戦いで日本軍は善戦むなしく全滅したが、守る日本よりも攻めるアメリカに多くの犠牲が出て衝撃が走った。制海権も制空権もうばわれた絶望的な状況で、日本はこれだけの大戦果をあげているのだ。敵を自分のふところの奥深く引きよせ、誘いこんでから迎え撃つ、という漸減邀撃作戦を当初から貫徹していれば、日米戦争の様相はまったく違ったものになっていただろう。これこそがアメリカとの戦いで、本来日本がとるべき戦法だったのだ。

それをぶち壊しにしたのが海軍指導部の誤った戦略だった。山本五十六や栗田健男のような死刑になっても当然の上官のもとに、どれだけ多くの有能で立派な海軍軍人たちが犬死にをしていったことか。彼らの残念さは想像にあまりある。無念の死をとげた多くの海軍軍人たちよ、安らかに眠れ。海の勇士たちに栄光あれ。

特攻作戦は確実に戦果を挙げていた

続く沖縄戦では日本軍の雨あられと降り注ぐ特攻攻撃によって、アメリカ軍に8万5000の死傷者が出た。特攻作戦の是非についてはこれまで多くの物議がかもされてきた。そのなかに、この特攻作戦をほとんど効果のない犬死にだった、と批判する否定的な意見がある。その根拠としてあげられるのが「特攻機の命中率2パーセント」という数字であるが、これはまったくのでたらめである。

そもそもこの「特攻機の命中率2パーセント」というのは米軍側の公表した数字だっ

た。日本軍の神風攻撃に戦場の米軍兵士は恐れおののいてパニック状態になり、戦闘の続行が危ぶまれるほどになった。この混乱を収束し味方の兵士を安心させるために、米軍はあえて実際よりかなり低い虚偽の数字を発表しなければならなかったのだ。

実際の命中率はそれよりはるかに高く、特攻作戦の始まった当初は27パーセント、末期は13パーセントで、平均命中率は20パーセントを超えていた。特攻攻撃によって死んだ敵兵の数は特攻戦没者よりはるかに多かった。また非常に多くの空母や艦船が特攻によって撃沈・大破された。特攻は最小の費用で最大の効果を生み、非常に効率のよい戦果をあげたことになる。

同時に2機に突っこまれた空母バンカーヒルは、燃料庫に引火して大爆発が起き、400名が即死、300名が負傷し、艦は大破して大きく傾いて沈没寸前になり、戦線から離脱してその後終戦まで戦場に復帰しなかった。特攻は確実に戦果をあげていたのである。

ここでさらにもう一つ検証が必要なのは、日本を相手にしてのアメリカ兵の戦死者数である。第2次世界大戦における米軍の戦死者数は当初、総計40万とされていた。その内訳は、日本を相手にしての戦死が5万、ドイツを相手にしての戦死が35万である。だがこの、日本を相手にしての戦死5万という数字は、明らかにアメリカの捏造だ。日米の戦いはたしかに、日本がアメリカに一方的にやられっぱなしのワンサイドゲームだった面があるのは事実だ。だがあれだけの死闘が３年８カ月も続いたのだ。アメリカの戦死が５万ですむわけがない。

この数字はその後10万弱に上方修正されたが、私はこれでもまだ少なすぎると思っている。アメリカとしては、有色人種の日本が白人を相手に善戦したことを認めるのは、彼らのプライドが許さないのだろう。それゆえあえて意図的に低い数字に抑えているのだ。それは先ほどの「特攻機の命中率は２パーセント」という、彼らの発表したでたらめの数字からもおわかりいただけるだろう。

日本の誇る最新鋭戦闘機の紫電改はゼロ戦を上回る戦闘能力を持ち、戦争最終段階の本土上空戦でも、「難攻不落の空の要塞」と形容された大型爆撃機B29を４８５機撃墜し、終戦にいたるまで米空軍を震え上がらせた。

日本を相手にしてのアメリカの戦死者数は、どんなに少なくても最低20万ははるかに超えていた、と私は推定している。私は先ほど戦時中の日本海軍のでたらめの大戦果報道について言及したが、これは日本だけではない。アメリカ側も兵士と国民の士気を高め、戦意を喪失させないために、あえて意図的に操作されたでたらめの数字を発表している。これは戦争においてはどこの国でもやることだ。歴史というのはこのごとくに、絶えざる見直しによって日々修正変化していくものなのだ。これは今後のあらたな研究に待たれるところである。

とりわけ日本の場合、戦後7年間におよんだアメリカの占領統治のもとで、検閲と情報統制によって世論が操られ、でたらめの情報で国民は洗脳されてしまい、その影響は現在まで続いている。そのことから覚醒するのはわれわれの急務である。戦後アメリカが日本に強いた「閉ざされた言語空間」から脱却するためには、日米戦争における日本軍の戦果の再検証が必要になってくるだろう。

半藤一利が『ノモンハンの夏』で辻政信のことを、「おぞけをふるう巨悪」「およそ現実の人の世には存在することはない絶対悪」と罵倒しているのは、まさしく司馬・半藤史観の象徴でもあった。しかしそれが根拠にとぼしい、彼の作家的思いこみであることに、読者諸氏は納得いただけたであろうか。

大東亜共栄圏の理想によせる辻の情熱

ここで戦後の潜行三千里以降の辻政信のたどった足跡をみてみよう。タイのバンコクで終戦を迎えた辻は、アジア各地に3年間潜伏した後ひそかに帰国した。１９５０年に戦犯指定が解除されると、その直後から書き始めた本が『潜行三千里』を筆頭に次々にベストセラーになり、たちまち頭角を現した。その年の印税収入は文壇の長者番付の仲間入りをしたほどである。それらの著書に一貫しているのは徹底したナショナリズムである。あの悲惨な敗戦にもかかわらず、大東亜共栄圏の理想によせる辻の情熱は、戦前・戦後を通じて毫も揺らぐことはなかった。

この勢いを背景に2年後、石川県1区から衆議院選挙に立候補し、選挙費用もなく彼を支持する有志たちの手弁当で戦いながら、断トツのトップ当選を果たした。当時の辻の国民的人気がいかにすさまじかったかを表している。

政界入りをしてからの辻の行動で注目すべきは、１９５５年の保守合同で政界が再編されて新しく発足した自由民主党政権の、石橋湛山の派閥に入ったことである。石橋政権はわずか2カ月の短命に終わったが、辻はなぜ石橋と組んだのだろうか？

石橋湛山といえば戦前から一貫して「小日本主義」をとなえていた。植民地を支配し維持することによって生じる経費は、本国の財政を圧迫して負担となるだけだから、百害あって一利なしであるとして、植民地不要論・放棄論を主張し続けてきた人物である。そのため軍部からにらまれ、戦時中はさまざまな迫害、弾圧を受けた。辻政信とは主義主張も立場も正反対のはずである。

石橋は植民地不要論・放棄論を主張しながらも、彼の目指すところは日本の独立自尊はもちろんのこと、他国の主権をも尊重した上での、東亜各国の連携による共存共栄だった。そしてそれは辻政信が終生信奉し続けた大東亜共栄圏の理想と、根底のところで通じるものがあったのだろう。

石橋湛山は総理就任直後の記者会見で、日本の自主独立外交路線を宣言した。アメリカとは友好提携するが決してアメリカの言いなりにはならない。日本は独自の路線で中国、ソ連とも友好関係を結んでいくと。共産圏諸国との対決姿勢をとり始めていたアメリカにとって、石橋は目の上のたんこぶになった。長期政権になると予想されていた石橋内閣だったが、突如として彼が重い病に倒れたため、わずか2カ月の短命政権に終わってしまった。これはその後今日にまでいたる日本の運命の大きな分岐点になった。このあまりのタイミングのよさをみていると、アメリカからなんらかの工作がしかけられた可能性も否定できない。

かたや石橋のあと政権の座についた岸信介に対しては、辻は徹底的な批判者となり、その攻撃の矛先はゆるむことがなく、当時のマスコミでも大いに話題をさらったものである。生涯変わることなき大東亜共栄圏論者であり、愛国主義者だった辻にとって、従米路線一辺倒の岸信介の存在は、アメリカに媚びを売る金権政治の権化のように思えたのかもしれない。

自民党の議員でありながら、岸総理を批判する辻の舌鋒がエスカレートしてついに度を超してしまうと、彼は除名処分をくらい自民党から追い出されてしまった。しかし彼はむしろこれをチャンスと受けとめ、今度は参議院選挙全国区への出馬を表明し、１９５９年６月、無所属でありながら全国３位で当選してしまったのである。私の６歳上の兄は当時小学校６年生だったが、母が新聞を手に握りしめ「辻政信が全国３位で当選している！」と興奮気味に語っていたのを、いまでも鮮明に記憶しているという。彼の人気と知名度が全国津々浦々、山陰地方の片田舎の主婦にまで浸透していたということなのだろう。

辻は衆議院選挙に４回当選したあと参議院選挙全国区に当選したのだが、かれのこの選挙の強さは、その全国的な知名度に支えられていたのだろう。

辻は国会のなかで孤立していて、政治政策の面で特にみるべき業績を残していない。にもかかわらずこれだけ長期間選挙で楽勝し続けたというのは、彼の一挙手一投足が国民にとって一服の清涼剤だったからだろう。国会で縦横無尽に獅子吼する彼の歯に衣着せぬ政権批判に、他の政治家にはみられない無私無欲の誠実さを国民は感じとったのだ。辻政信は天性の一匹狼であり、周囲との協調性よりも、誰がなんといおうとわが道を行く唯我独尊の道を選んだ。28年間の軍人生活もそうだったし、政治家になってからもその姿勢は変わらなかった。

政治家になってから9年たった1961年、辻政信は東南アジア諸国歴訪の旅に出た。南ベトナムのサイゴンを皮切りに、最終的には北ベトナムのハノイに行き、南北ベトナム統一のためにホー・チ・ミン大統領を説得するつもりでいた。その途上のラオスで辻は突如として行方不明になり、消息を絶ってしまったのである。

ベトナム戦争真っただなかのインドシナに潜入するのは、死と隣り合わせの危険が伴っている。それを承知の上であえて火中に身を投じた辻の心中は、いかなるものだったのだろうか。死の予感をいだきつつ、いやむしろみずからあえて死を求めてそこへおもむいたのだろうか。軍人として、政治家として激動の人生を完全燃焼しつくして駆けぬけたあと、かつての潜行三千里の舞台に引きよせられていったのだろうか？　これは後世の人々にとって永遠に謎のままである。

石原莞爾との肝胆相照らす仲

辻が謎の失踪をとげてから六十数年経過した。その間に彼に対する評価は急転直下、大東亜戦争の英雄から稀代の悪霊へと転落してしまった。これほど激しい毀誉褒貶にさらされた人物もめずらしい。きっかけは彼の失踪から十数年後に出た五味川純平の『ノモンハン』である。これを皮切りに司馬遼太郎、半藤一利、村上春樹といった面々がそれに飛びついた。その結果が最終的に半藤のとなえる「怖気をふるう巨悪」として定着してしまったのである。辻政信の名声と偶像は地に堕ちた。

私は本書を執筆するにあたり、辻政信の次男の辻毅氏にお会いして話をうかがう機会を得た。氏が生まれたのは１９４２年12月で、ときあたかもガダルカナルの飢餓地獄が頂点に達していたときである。辻政信はちょうどこのとき、戦況報告をするためガダルカナルから東京へよびもどされていたのだが、戦地での無理がたたり、罹患していたマラリアが悪化し、年明け早々人事不省の重態になって陸軍病院に緊急入院した。四十数度の高熱が続き、何度も何度も危篤状態になったがその都度もちこたえ、ついに病が癒えて奇跡的に回復することができた。

妻は辻毅氏を産んで間もない産褥の床にあったが、主治医から夫の危篤状態を知らされ、臨終の面会をするために参謀本部の車で夫の病室へ駆けつけた。このとき辻は意識朦朧となりながらも妻の顔を見つめて「この馬鹿野郎！　私用にお上の車を使うやつがあるか、早く帰れ！」と怒鳴りつけているのである。

このエピソードからもわかるように、辻は潔癖症といってよいほど公私の区別を厳守する男だった。28年間の軍人生活において、あるいは9年間の政治家としての経歴において、公金を私的に流用したり、あるいは汚職に手を染めたりといった、金銭のスキャンダルにまきこまれたことは一度もない。それらは辻の最も嫌うところだった。彼は戦地で、軍の高級幹部たちが紅灯の巷で芸者をあげ、贅沢三昧のどんちゃんさわぎをしているのをみて心底から怒りにかられ、何度も何度も綱紀の引き締めをはかっているのである。

この点は石原莞爾とも相通じるところがある。石原の人の意表をつく柔軟な発想と、機略縦横の知性のひらめき、一瞬にしてものごとの本質を見抜く鋭い頭脳、辛辣な風刺・批判は有名だった。その存在はひときわ目立っていたが、しかし周囲との協調性に欠けていた。

このようなタイプの人間は他人に理解されるのをよしとせず、誰がなんといおうとあくまでもわが道を歩もうとする。心底理解しあえる数すくない親友はできても、多くの人からは誤解されて浮きあがってしまう。石原莞爾の生涯は孤独だったが、辻政信の生涯もまた孤独だった。この二人の性格は天才にありがちな狷介というのであろうか、見かたによっては偏狭と思われることもあるだろう。石原と辻がもっとも嫌ったのは公費による宴会だった。同僚たちが職務にかこつけて公費で贅沢な料亭に通い、豪遊するのを苦々しい目で見ていた。

石原莞爾の陸軍士官学校卒業席次は6番だった。これは品行点に問題があり一部の教官の怒りを買ったからだが、彼にとって陸士の卒業席次などなんの意味もないことであり、関心外だった。陸軍大学の卒業席次は2番で恩賜の軍刀を拝受している。

かたや辻政信の陸軍士官学校卒業席次は首席だった。陸軍大学の卒業席次は3番だった。やはり恩賜の軍刀を拝受している。陸軍幼年学校からずっと首席を通してきた辻がなぜここで3番に落ちたのか謎だが、一説では、仲違いしたある教官の出題を白紙で出したためといわれている。

辻政信は1936年関東軍参謀部に転任となり、勇躍満州に赴いたが、当時参謀本部にいた石原莞爾とこの頃から親交が深まり、その思想から大きな薫陶を受け、やがて石原と肝胆相照らす仲となった。かたや石原は日本陸軍始まって以来の天才。かたや辻は作戦の神様。天才は天才を知る、ということだったのだろうか。

1950年戦犯指定が解除されるや、辻はなにかにとりつかれたかのように執筆に没頭し、この年だけで5冊の本を出している。それらは『潜行三千里』を筆頭にことごとくベストセラーになり、この年の印税収入は300万円を超えた。現在の貨幣価値に換算すれば1億数千万円である。戦後零落し窮迫していた辻家の生活は、ここで一気に裕福になるはずだった。しかし家計は相変わらず火の車で、妻の千歳は内職と質屋通いでなんとか生活をやりくりしていた。

その理由は、莫大な印税収入をすべて辻が、困窮している元軍人たちの家族の援助にまわしてしまったからである。次男の辻毅氏は次のように語る。

「『潜行三千里』は当時国民文学といってよいほど、多くの国民から高い評価を受けていて、超一流俳優を起用しての映画化の構想は、実現寸前のところまでいっていました。父の著作はロングヒットを維持し続けていて、その印税収入の総計は現在の貨幣価値に換算すると、5億~10億円はあったとおもいます。だが父はその莫大な収入をすべて、旧帝国軍人の家庭の支援に使い果たしました。やはり父としては、あの大東亜戦争の遂行を指導した実質的な責任者として、心ならずも力及ばず祖国を一敗地にまみれさせたことへの、内心忸怩たる思いがあったのでしょう。その意味で父の内部では、戦後になってからもずっと大東亜戦争は継続していたのです。私の兄の徹は終戦直後の混乱のなかで旧制中学を中退し、パン工場の職工や大工の見習いなどの肉体労働で、必死になって家計を支えてくれました。兄は頭脳明晰で私よりはるかに頭はよかったです。家族がやっと人並みの生活ができるようになったのは、父が国会議員になって固定収入が確保されてからですが、それでも父が母に渡す金は必要最小限度で、生活はあいかわらず質素そのものでした」

辻政信がラオスに向けて出発し行方不明になる直前の1961年4月、辻毅氏は麻布高校を卒業して東大法学部に入学している。その氏が「兄は頭脳明晰で私よりはるかに頭がよかった」と断言しているのである。

半藤一利が『ノモンハンの夏』で描いている辻政信の人物像について、私の心のなかにずっとわだかまっていたいくつかの疑問を、私は辻毅氏にぶつけてみた。１９５４年、24歳の半藤が初めて辻政信と面会したとき、直感的に半藤が辻に対して抱いた印象についてである。すなわち、「大ほら吹き」「ペテン師」「悪の権化」「現実の人の世には存在することはない絶対悪」「日本人離れした悪」、などについてである。これに対して辻毅氏は明快に次のように語ってくれた。

「たった1回、しかも1時間くらい会っただけで、相手の人間性についてなにがそこまでわかるものですか。半藤一利は出版社に入社したばかりの駆け出しの新米で、父のもとへ原稿とりの雑用で来ただけです。父は当時千客万来で多忙を極め、分刻みのスケジュールに追われていました。半藤一利と面会した1時間ほどの時間でさえ、父にとっては惜しかったはずです」

これを聞いて私は目からうろこが落ちる思いだった。辻政信は当時大東亜戦争の英雄として、ベストセラー作家として、国会議員として、その名声は頂点にあった。当時の日本のスーパースターだった。その辻と初めて会った24歳の半藤が、その瞬間本当に「私はこの日、絶対悪と対面した。私はこの日、ノモンハン事件を自分なりにいつかまとめてみようと思った。私はこの日、日本人離れした悪が日本を支配した事実を書き残しておこうと思った」などと固く心に誓ったというのだろうか？　その二十年後に辻政信にたいする評価が、大東亜戦争の英雄から日本の絶対悪へ転落するのを、当時24歳だった半藤が、その瞬間本当に神のごとき千里眼で見ぬいたというのだろうか？　そんなことはとうてい考えられない。まさに「講釈師、見たかのように嘘を言い」である。

ノモンハンで死闘を繰り広げたジューコフ元帥との再会

1955年、38名の国会議員がまだ国交回復していないソ連を訪問することになり、辻政信もそのメンバーに選ばれた。戦後10年経過したとはいえ、ソ連にまだ抑留されている戦友がいて、彼らを一日も早く帰国させることは辻の悲願だった。その翌年日ソ国交回復がなされ、彼らは戦後11年たってようやく祖国の土を踏むことができたのである。

さらにこのときの辻のソ連訪問で特筆すべきは、かつてノモンハンで死闘を繰り広げたジューコフ元帥と、モスクワであいまみえることができたのである。このとき辻政信は53

歳、ジューコフは59歳。かたや辻は日本の選良の国会議員であり、かたやジューコフはフルシチョフの片腕として、そして軍の最高権力者である国防相として、その勢威と名声は頂点にあった。

このときの両者の会見は、奇しくもちょうどその50年前、かつて日露戦争で旅順が陥落したとき、水師営における乃木大将とステッセル将軍の会見を彷彿とさせるものがある。この場面は戦前の文部省唱歌のなかで最も有名な歌になっているので、次に紹介しよう。

「旅順開城約なりて　敵の将軍ステッセル
乃木大将と会見の　ところはいずこ水師営

庭にひともとなつめの木　弾丸跡もいちじるく
崩れ残れる民屋に　いまぞ相見る二将軍」

辻とジューコフのモスクワでの再会は、この水師営の会見に勝るとも劣らぬ劇的な、ドラマとしても十分成り立つ名場面である。辻とジューコフは語りあった。語っても語っても語りつきない。16年前ノモンハンの原野をおおった砲声と阿鼻叫喚が、この両雄の胸によみがえってきた。ジューコフをして「自分の軍人としての長い生涯で、最も苦しい戦いはノモンハンだった」と言わしめた戦いである。往時を回顧するかのように、２人の追憶はどこまでもとどまるところがなかった。

辻政信が現職の国会議員のまま東南アジアに向けて旅立ち、ラオスで消息を絶ったのはその６年後１９６１年だった。辻毅氏が大学に入学した直後である。５人兄弟の末子の彼には兄の徹と３人の姉がいる。彼はしみじみと次のように述懐する。

「３人の娘が良縁に恵まれ、末っ子の私が大学に入ったのを見届けて、父はこれでもう家族に対する責務はすべて果たした、これでもう残りの人生思い残すことはなにもない、と考えたのでしょう。職業軍人として30年間戦地で生死の境をくぐり抜け、その間多くの若い部下たちを死なせてきた父は、この頃から戦野に屍をさらした戦友たちのことを思いふける日が多くなっていたようです」

辻政信の東南アジア行きは、みずから死に場所を求めての自殺行だったのだろうか？　私はそれはありえないと思う。なぜならそれは風に吹かれての物見遊山の旅でなく、ハノイにのりこんでホー・チ・ミン大統領と直談判し、南北ベトナム統一に協力する、という確固たる目的があったからだ。

辻はある一つの目的を立てると、それを達成するための用意周到な綿密な計画を立て、それからはいかなる艱難辛苦がふりかかろうと、おめず臆せず断固としてその目的に向かって突き進んでいく男だ。当時のインドシナ半島はベトナム戦争のまっただ中で、その火中に身を投じることは死と隣り合わせであり、命の保証はなにもなかった。

だがこれこそはまさに辻が長年の軍人人生で、戦場で敵の砲煙弾雨に身をさらしながら、生と死の紙一重のところに身をおいて生きてきた、峻烈な緊張感の延長だったのだ。その意味において辻のこの東南アジア行きは、彼の命をかけた最後の戦場だった。そして仮にそこで命を落とすことになるとしても、それはかつての戦友たちと、あの世で誇りをもって再会できる名誉ある戦死に他ならなかったのである。

第六章

勝海舟と西郷隆盛をどう評価するか

結果を前提とした逆立ちした歴史認識

司馬遼太郎の思考は、日本の近現代史を分析し考察する際に、日本という国家の枠組みのなかに視点が限定されてしまって、世界史的な座標軸の視座から客観的にながめる姿勢が欠落している。小さなコップのなかで水が波たち騒ぐように、彼の思考回路は日本という座標軸のなかでのみ旋回し、から回りしているのだ。

「大正末年、昭和元年くらいから魔法使いが杖をポンとたたいて魔法の森になった」、すなわち「狂信的な妄想にとりつかれた日本が、みずから戦争を引き起こし、みずから自滅していった」、などという司馬遼太郎の発想は、歴史常識をもつ者からみれば、とうてい納得できるものではない。戦争は一国だけでできるものではない。他国とのかかわり合いのなかで、初めて起こるものである。とりわけ近現代の歴史を考察する場合、戦争を国際政治の座標軸で、客観的に相対化してとらえる視点が必要不可欠となってくる。

このような視点に立たず、ただ一国の国内事情からだけで歴史を一刀両断することは、なんの役にも立たないばかりでなく、かえって恐ろしい悲劇を生みだすことにもなりかねない。司馬の歴史観は、昭和の日本イコール悪玉、という図式で固定してしまっているのだろうか？　昭和に入ってからの日本が破滅していったのは、地球全体をはるか天空の上から見おろしている天の意思、神意とでもいったものが、日本を懲らしめるためにくだした天罰だ、という考え方になっているのだろうか？

司馬遼太郎の歴史観のもう一つの特徴は、結果を前提とした逆立ちした歴史認識の傾向が強いということだ。これはどういうことかというと、「日本は日清・日露戦争に勝った。だから明治の日本は正しい。日本は大東亜戦争に負けた。だから昭和の日本はまちがいである」式の発想である。つまり最初に結論ありきで、ある一つの決まった結果・結論をもとに過去の歴史を裁いているのである。そして司馬は人物評価をするときも、このような傾向がきわめて強いのだ。

これは単純明快でわかりやすい方法である。なぜならば勝った者をほめるのは簡単なことであり、負けた者をけなすのは簡単なことだからだ。最初に結論・結果が決まっているのだから、あとはそれを補強するのに都合のよい要素だけを、いくつか適当に拾い集めてつなげていけば、つじつまの合ったストーリーは簡単にできあがる。そして読者からみても、これほど胸のすくような、わかりやすくて面白くて納得できる物語はないだろう。

だが歴史には決して、勝った国がすべて正義で負けた国がすべて悪である、などということはありえない。勝った国にもまちがいはありうるし、負けた国にも主張や言い分はあるからだ。成功した人間がすべて善人で、失敗した人間がすべて悪人である、などということも同様にありえない。成功した人間にも邪悪な人間はたくさんいるし、失敗した人間にもひたむきな努力をしながら、正当に報われなかった人間はたくさんいるからだ。結果を前提として歴史を裁くと、歴史の因果関係は、作者の都合のよい独断と思いこみの物語になってしまう。

だが福田恆存の指摘するように、人間がその因果関係の全貌をとらえることは、ついにできないのだ。歴史につきあえばつきあうほど、首尾一貫した因果の直線は曖昧薄弱になり、ついには崩壊し去る。そしてわれわれの目の前に残されたのは点の連続であり、その間を結びつける線を設定することが不可能になる。だが歴史家は、このほとんど無意味な点の羅列にまで迫らなければならないのだ。そのとき時間はずしりと音を立てて流れ、運命の重みがわれわれに感じられるのである。

乃木希典は愚将でも無能でもないという事実

司馬遼太郎の代表作『坂の上の雲』をとりあげよう。『坂の上の雲』は熱狂的なファンが多く、司馬作品のファンにとってバイブルともいえる小説である。この作品は国民作家たる司馬の生んだ、日本の国民文学といってもよい。

司馬が生涯かけて追求しようとしたのは、「日本とはなにか、日本人とはなにか」というう重く難解なテーマだった。このテーマを、彼独自の戦後的合理主義的歴史観によって解明しようと追い求めた旅が、彼の生涯だった。学徒出陣で召集され、焦土と化した祖国が敗戦を迎えるなかで、彼の心にとりついたのは「日本をこのような破滅に追いこんだ原因はなにか」という疑問だった。昭和に入ってからの日本が破滅への道を突き進んだのは、国家としての非合理性があったからだ。昭和の日本になにゆえこのような非合理が生まれたのか？

このとき彼の脳裏に燦然と輝き始めたのが、昭和の前段階の明治という時代だった。昭和の日本は硬直した官僚制、技術と科学の軽視、非合理で空虚な精神主義と権威主義に満ちていたのに、それに対して日露戦争の勝利を頂点とする明治時代は、なんという栄光に満ちた時代だったのだろう。明治の日本がロシアに勝ったのは、国全体に合理主義的精神が満ちあふれていて、国家体制が柔軟だったからだ。

司馬がこのような思いにかられて『坂の上の雲』を書いたのは、昭和の破滅の謎を解明する、という彼のライフワークのテーマと好対照をなしてそびえ立つアンチテーゼだった。司馬は『坂の上の雲』を完成したあと、その延長上に生涯をかけた最後のライフワークのテーマとして、ノモンハンを書こうとしていた。これは「昭和の破滅の謎を解明する」という司馬の究極のテーマだったが、それを果たせないまま亡くなった。

司馬は『坂の上の雲』で栄光の明治をテーマにしながら、そのなかに後のノモンハンにつながるテーマを巧妙に隠しこんでいる。それはなにかというと、旅順攻防戦である。乃木希典と伊地知幸介を馬鹿の骨頂のようにこきおろし、かたや児玉源太郎を神のごとくに美化して描いている。しかしこの悪玉にされた乃木が愚将で無能だったかといえば、そんなことは決してない。それなのになぜ愚将にしたかといえば、昭和陸軍の暗黒と破滅の原点は明治の乃木大将だ、とするためではなかったか。すべてのまちがいのルーツはここから始まったのだ、とその出発点を設定するためではなかったか。

『坂の上の雲』のハイライトは旅順攻防戦における２０３高地の場面だ。しかし善玉と悪玉の役割をここまではっきり区別して描いているのも、歴史小説としてはちょっとめずらしい。読者としてはさぞかし胸のすくような痛快な思いがするだろう。水戸黄門の悪代官退治のドラマもかくや、と思えるほどだ。

児玉源太郎が機略縦横の天才的な頭脳をもつ、当代随一の作戦家だったことはまぎれもない事実だ。私はそれを否定しない。しかし私は、旅順攻略の成功面はすべて児玉の功績であり、失敗面はすべて乃木と伊地知のせいだ、などとは思わない。私は乃木を児玉のような智将だったとは思わぬが、さりとて愚将だったとは思わぬし、無能だったとも思わぬ。

『坂の上の雲』が世に出て一世を風靡していた当時、伊地知幸介の孫にあたる老婦人が次のように嘆いておられた。

「司馬遼太郎はよくもまあこれだけ嘘八百のでたらめを書き並べて」

伊地知幸介の孫なら身内の当事者だから、おそらくこの女性は司馬遼太郎を、名誉毀損で訴えてやりたいような怒りにかられていたのだろう。司馬がこの『坂の上の雲』の旅順攻防戦の場面で描いた、「乃木的」なものと「伊地知」的なものに象徴される人物像の悪玉コンビは、司馬のあらゆる作品に姿を変え、かたちを変えて現れ続ける。司馬の構想ではそれが最終的に、ノモンハン事件の服部卓四郎と辻政信の悪玉コンビとして描かれるはずだった。しかし彼はそれを果たせないまま亡くなった。

第3回目の総攻撃が失敗した直後、児玉が満州の総司令部から旅順にのりこんできて、一時的に乃木の指揮権を代行し、すべて児玉の命令通りに作戦を変更して戦ったところ、わずか1週間で203高地が落ちてしまった。まるで児玉が魔法か手品を使ったみたいなあざやかな手口だった、というエピソード。これは司馬のつくったまったくのフィクションである。児玉はただ督励に来ただけで、彼の助言は作戦の大局からみればほとんど影響はない。児玉が来ようが来まいが、203高地は第3軍の所定の作戦通りに落ちていたはずだ。

「旅順攻略の要は203高地でなく望台陣地である」というのは、満州総司令部と第3軍の統一された意思見解であり、これは最後まで変わることはなかった。司馬が乃木希典の率いる第3軍を頑迷固陋だと批判するなら、それは大山巌や児玉源太郎も含めた日本陸軍全体が無能だと批判するに等しい。

ここで一つの仮定として、もし第3軍が最初から２０３高地を主目標にしていたらどうなっていたか、を考えてみよう。おそらく3回目の総攻撃のとき以上の、莫大な犠牲を出して敗退していただろう。そして２０３高地に主力を向けることによって、肝心要の望台陣地に対する攻撃も手薄になり、こちらのほうもまた奪取することは難しくなっていただろう。それならばなぜ、3回目の総攻撃のときに２０３高地は落ちたのか？

それはつまり、それまでの数度にわたる、望台を中心とする敵正面陣地への総攻撃によって、ロシア側にも手痛い損傷を与え、敵の戦力をじわじわと消耗させていたからである。２０３高地の戦いのときはロシア側にとっても、それまでの戦闘による兵員の欠損は深刻な様相を帯びてきていて、病院に収容されている傷病兵までも駆りだしてこの戦闘に充てている。結局この２０３高地も含めたすべての戦場が、日露双方に対して一大消耗戦を強いたのだ。

この２０３高地の戦闘がロシア軍に対して一大消耗戦を強い、その結果として最後の望台陥落に有利に作用した、という点では意味があるが、２０３高地の戦闘それ自体は数多くの戦闘のなかのワン・オブ・ゼムであり、決して天王山ではなかった。

旅順攻防戦は列強諸国の多くの観戦武官が視察に訪れていたが、その10年後の第1次世界大戦で彼らは乃木とまったく同じ戦法を採用し、はるかに膨大な犠牲を出している。つまり要塞を攻略するには、当時としてはこれ以外に方法がなかったのだ。ベルダン要塞の攻防戦の戦死傷者は、双方合わせて300万だったともいわれている。これをみれば、乃木が6万の戦死傷で旅順を落としたのは、かなり成功した部類といえるのではないだろうか。

司馬は「旅順の第一回総攻撃から第三回総攻撃までの地図を幾枚も作り、もし自分でやればどうなるだろうと思い、紙上で何度も戦争をやってみました。やはり乃木希典の旅順攻撃のやり方は、根本から間違っていたと思いました。一回目の総攻撃ですべて決着がついていたはずなのです」などと結論づけている。しかし彼は『坂の上の雲』の旅順攻防戦を執筆するにあたって、なにを調べなにを研究したのだろうか。軍事の専門家でもなく歴史の専門家でもない司馬に対して、過度の期待をするのは酷というものかもしれないが、彼はこの「小説」を書いたことによって、自分の不勉強ぶりをはからずも露呈し、馬脚をあらわしてしまったことになる。

西南の役は起こるべくして起こった内戦

それでは次に『翔ぶが如く』をとりあげよう。『竜馬がゆく』『坂の上の雲』に続く巨編として司馬は『翔ぶが如く』の新聞連載にとりくみ、4年半の歳月をかけて完成させた。この3部作を書きあげた頃が、司馬の作家人生で超人的なパワーが全開状態で発揮された、まさに絶頂期だった。

この3部作を通読してそれぞれを読み比べてみると、歴史小説としての完成度は『翔ぶが如く』が格段にすぐれている。『竜馬がゆく』は恋愛ロマンあり、友情物語あり、激動の時代背景ありで、今後とも永遠の青春小説として読みつがれていくだろう。『坂の上の雲』は日露戦争がテーマで、後半部分がやや軍事マニアに流れすぎている傾向はあるものの、ある意味では劇画の世界を彷彿とさせる、血湧き肉躍る痛快な小説である。『翔ぶが如く』は、司馬が前記の2作をふまえながらとりくんだだけあって、心のなかに渦巻く諸々のテーマが研ぎすまされた考察によって、さらに深化されたかたちで提起されている。

『翔ぶが如く』の冒頭の序文の最後に、司馬が記している「君たちはえたいが知れない」というつぶやきは、この作品の執筆に司馬をかりたてた動機をものがたっている。これは司馬が鹿児島を旅行して、かつて桐野利秋が住んだことのある住居の跡を訪ねたとき、もらした言葉である。桐野利秋や西郷隆盛に象徴される、どろどろとしたデモーニッシュなもの。近代的な合理主義の精神では理解できない、怨霊のような情念をさして、彼は「えたいが知れない」と表現したのだろう。

このような非合理が、かつてはもっとも合理的で開明的な政策をおこない、他藩に先がけて近代化の先頭をきっていたはずの雄藩、薩摩にとりついた。その結果薩摩は、近代化の路線をひた走る中央政府に対して、無謀とも思える反乱を起こし、国家の転覆をくわだて、ついにおびただしい犠牲をはらって自滅していった。なにが薩摩をしてこのような非合理な行動にかりたてたのか？　薩摩にとりついたこの怨霊の正体とは、いったいなんだったのか？

『翔ぶが如く』でとりあげられている最大のテーマは、この「えたいの知れない」ものである。司馬がこの作品にとりくんだ動機は、彼の得意の合理主義的歴史観でもって、この「えたいの知れない」ものを解明しようとしたことだった。このテーマは『竜馬がゆく』

のなかにも、次のようなつぶやきとなってすでに登場している。

「幕末の頃から日本の社会に巣くっていた、宗教的な狂信とでもいうべき攘夷思想が、昭和になってから息をふきかえし、無知な軍人の頭脳を妄想にかりたて、ついに大東亜戦争をひきおこして、数百万の国民を死に追いやった」

『竜馬がゆく』のなかに、司馬史観の原型がすでに明確に示されているのをみて、私はある種の感慨に打たれた。このつぶやきは姿を変えかたちを変えて、彼のあらゆる作品のはしばしに、まるで呪詛のようにくり返し現れることになる。『翔ぶが如く』においてもそれは例外ではない。そしてそれは最終的に、ノモンハンのテーマへつながっていくはずだった。

明治維新後、時代の流れにとり残されていく旧士族階級は、時間の針を逆戻りさせようとして、新政府を倒すための反乱を各地で起こしたが、西南の役はその最後にして最大のものだった。薩摩藩は幕末において、幕府を打倒しうる最強の力をもった雄藩だった。名君島津斉彬のもとに藩政改革を断行し、欧米の科学技術を導入し、殖産興業につとめ、薩摩藩一国でイギリスと戦争して、その海軍に打撃を与えるほどの力をたくわえていた。維新戦争で幕府を倒した軍事力の中核をなしたのは、薩摩藩の兵士である。

明治革命を主導したのは雄藩の武士階級だった。これは武士階級の起こした革命でありながら、武士階級そのものを犠牲にし消滅させることによって、日本の近代化をはかる、という世界史上類例のない前代未聞の革命だった。維新戦争はただ単に政権が幕府から薩長に移っただけのことだった。しかしその後の数年間に立て続けにおこなわれた版籍奉還・廃藩置県・四民平等・国民皆兵によって、封建制度は廃絶された。

このような社会制度の大変動を伴う革命は、世界史の普通の常識で考えれば、流血と混乱なしにはありえないことである。当時日本に駐在していた欧米の外交官たちは、この明治革命をふり返り、「ヨーロッパの帝国でもしこのような変革を断行しようとすれば、社会を支配している階級が、自分たちの特権と利益を失うまいとして命がけで抵抗し、数十年いや数百年におよぶ国内の流血と混乱は避けられないだろう」と述べて、一様に驚嘆したという。

だが日本ではそのような混乱は起きなかった。社会の支配層である武士階級そのものが、富国強兵・欧米的近代化という国家のスローガンをみずからの使命として、それに殉じたのである。ただ一つ例外があった。薩摩である。薩摩は廃藩置県後も中央政府任命の知事を拒否し、徴税権も手放さず、島津久光はあたかも江戸時代の君侯のようなあつかいを受けていた。維新後も薩摩のみが中央政府の司令の及ばない、日本のなかの独立王国として割拠し続けたのである。

中央政府は薩摩のみを特別あつかいとして、手を出さず放置したのだが、手を出そうにも出せなかった。徳川幕府を倒した薩摩の強大な軍事力は温存されていたから、これに無理に手を出そうとすれば内戦の勃発は必至だった。だがこのような変則的な例外がいつまでも続くはずはない。当時の薩摩は明治国家の体内に宿る腫瘍であり、これをいつまでも放置しておけば、国家の存在意義そのものが問われることになる。

西南の役は起こるべくして起こった内戦だった。司馬が「えたいが知れない」と表現したような、怨霊のようにどろどろとした非合理な情念が、決してすべてを占めていたわけではない。

それは欧米的近代化路線を指向する明治政府と、武士道の理念・価値観を存続させようとする旧士族階級との、相いれることなき二つの国家路線の対決だったのだ。決して大久保と西郷との間の個人的なしがらみによる私闘などではない。

日本の欧米的近代化という路線は、明治の指導者が国家存続のために選んだ選択だった。それに対して戦いを挑んだ西南戦争の士族たちの行為は、歴史の流れに逆行することだったのかもしれない。だが彼らは新時代の価値観のもとで生きることをよしとせず、武士階級の理念そのものを抱いて死んでいったのである。江戸期３００年間を通じて形成された、武士道という精神文化そのものに殉じて死んでいったのである。これが歴史に生きる、歴史に殉じる、ということなのだ。

西南戦争では薩摩のみならず、日本各地の旧士族たちが西郷側に馳せ参じて戦った。そのなかには知識人・インテリが数多く含まれていた。当時の日本の国内世論をみると、西郷側に共鳴し理解を示す人々が、決して少なくなかったことがわかる。西南戦争に象徴される士族の反乱は、活火山が溶岩を噴きだすように、いつかどこかで爆発せずにはすまないものだった。それは西南の役を通すことによって最終的に終息したのである。その屍を踏みこえて進む以外に、日本の進路はありえなかった。

福沢諭吉がこきおろした勝海舟

ここで西南の役の歴史的意義を考えるためにも、ある一つの興味深いエピソードをふり返ってみよう。維新戦争の緒戦の鳥羽・伏見の戦いで幕府軍を撃破した薩長は、その後も東海道を破竹の進撃を続け、江戸に迫った。江戸は幕府の総本山である。歴史の流れからすれば、当然ここで天下分け目の大決戦がおこなわれるはずだった。ところがその直前、幕府の家臣の勝海舟が官軍司令官の西郷隆盛と秘密会談をおこない、将軍徳川慶喜の命を助けることを条件に降伏することを約束し、一戦も交えないまま、江戸を無血開城であけわたしてしまったのである。おかげで江戸は破壊と殺戮をまぬがれ、多くの人命と財貨が失われずにすんだ。その点からみれば、勝のやったことは維新戦争に際して、日本の国に多大の貢献をなしたことになる。

だが勝海舟のこの行為は、武士道という観点からみた場合、はたして倫理的に共鳴できるものだろうか。

当時の幕府と薩長の軍事力を比較すれば、私は幕府のほうが圧倒的に劣っていたとは思わない。薩長は官軍として錦の御旗をかかげていたとはいえ、その主力は薩長を軸とするわずか数藩だけで、他の大部分の藩は大勢を傍観しながら洞ヶ峠を決めこんでいた。あの時点での幕府の総合力をもってすれば、最終的に勝てるかどうかは別として、関ケ原の合戦のような一大決戦は十分やれたはずだ。事実幕府が降伏したあとも、東北の諸藩は奥羽越列藩同盟を結んで、官軍としぶとく戦い続けている。

私は勝海舟という人物に対して、なんとも形容しがたいある種のうさん臭さを以前からずっと感じ続けていたが、福沢諭吉の『瘠我慢の説』を読んだときは、まさにわが意を得たり、と思ったものだった。福沢は、当時ある外国人が勝海舟のこの行為について軽蔑と冷笑をまじえて語った、次の言葉を紹介している。

「およそ生あるものは、その死になんなんとして抵抗を試みざるはなし。蠢爾たる昆虫が百貫目の鉄槌に撃たるるときにても、なおその足を張りて抵抗の状をなすの常なるに、二百七十年の大政府が二、三強藩の兵力に対して毫も敵対の意なく、ただ一向に和を講じ哀れを乞うてやまずとは、古今世界中にいまだその例を見ず」

福沢はさらに続けて言う。幕府存亡の危機に際し、勝はその家臣として全力をあげて薩長と戦い、不運にも敗れたときは、江戸城を枕に討ち死にすべきだった。それを勝は、ただひたすら平和を願うあまり、敗れてもいないのに戦う前に降伏してしまった。そのおかげで多くの人命と財貨が救われたとはいえ、経済的な利害損失などは単なる一時的なものにすぎない。それとひきかえに、数百千年にわたってつちかわれてきた、立国の基本であり日本の美風である、武士道の気風が損なわれてしまった。それが万世におよぼした害悪ははかりしれない。

福沢諭吉は当時の日本を代表する啓蒙思想家であり、合理主義の権化のような人物である。その合理主義者の福沢が、このような武士道の美学に熱烈につき動かされて、勝海舟の行為を批判しているのである。

維新戦争は内戦であり兄弟朋友の争いだから、実際は敵であって敵でなかった。だから幕府が最後の決戦を挑まず降伏したのは、時勢に応じたよい手際だった、などと妙な言説をはく輩がいる。だがたとえ内戦だろうと、いったん戦端が開かれたときは敵は敵である。それを、国土を戦火にさらすのは無意味なことだなどといって、戦わずして降伏するような輩が、はたして一朝有事の際に外国と堂々と対決できるだろうか。

百歩ゆずって、勝が江戸の人命と財貨を救った功績を認めるとしよう。だが勝は幕府を薩長に売りわたして主家を滅亡させた張本人である。江戸無血開城後、勝は主家を滅亡させた責めを負って切腹して果てるべきだった。あるいはそれができないのならせめて、維新後の新時代において世を捨てて隠遁生活を送り、世間の表面にいっさい顔を出すべきでなかった。それが家臣としてのけじめのつけかたというものだろう。

それを勝は明治の新政府に抜擢登用され、位人臣をきわめ、華族にまで列せられて伯爵の位をたまわった。旧幕臣の多くが新時代に適応できず、貧窮をきわめているさなかにである。福沢諭吉は勝海舟のことを、武士の風上にもおけぬ、と非難し、このような人物はとうてい終わりをまっとうすべき人にあらず、とこきおろしている。

この福沢の批判に対し返答を求められた勝は、あの有名な「行蔵は我に存す」で始まる言葉で答えている。「毀誉は他人の主張、我に与らず我に関せずと存じ候」と勝が述べているのは、出処進退は自分で決めることだから、世間の批判や悪口は自分には関係ない、という意味である。この言葉は偉人勝海舟の語った大変な名言として今日もてはやされ、多くの人が座右の銘にしているようだ。

しかしこの言葉は、上記の福沢の問いに対するなんの回答にもなっていない。自分のとった行動に対して福沢から具体的な説明を求められているのに、「そんなことはお前の知ったことか」と切りすてているのだ。これではまるで、政治家が議会で追求され弁明を求められたとき、それに対して答える姿勢を示しながら、「答える必要はない」と説明責任から逃げ、しかもそれで正式に回答したつもりになっているようなものだ。

もしも勝が福沢の批判に対して無言のまま いっさい反論せず、ただひたすら沈黙を守り通したとするなら、それはそれで自分なりの一つの姿勢を貫いたことになるだろう。だが福沢は『瘠我慢の説』の原稿を勝に送り、自分の批判に対して異存があるなら具体的に反論してみろ、と弁明を求めているのである。それに対して勝がご大層にもわざわざ筆をとって回答をよこしたということは、彼は自分の説明責任をみずから認め、福沢の公開質問を正面からあえて受けて立ったことになる。

にもかかわらず相手に返した言葉が「そんなことはお前の知ったことか。答える必要はない」では、回答するポーズだけ示しておいて回答を拒否したようなものだ。福沢からの質問に対するなんの反論にもなっていない。相手の質問をはぐらかして焦点をうやむやにぼかし、開きなおっているにすぎない。ただ単に福沢に対して、自分が正面から正式に回答したかのような、うわべだけのポーズをとってみせただけだ。これではまるでペテン師が人をだまして煙に巻いたようなものである。世間には往々にして、このようなピントのズレたことをいって、得意満面の顔をしている輩がいるものである。論理学ではこれを詭弁という。

人間としての品性の卑しさ

勝海舟は幕府海軍のさまざまな役割を歴任したが、就任と離職をくり返し、その職歴をみると優秀な官僚とはとても言えない。勝が艦長をつとめた咸臨丸が、荒れ狂う太平洋をのりこえ九死に一生を得てアメリカに到着したときも、彼が実際に果たした役割は、嵐のなかで自分の船室に閉じこもってなにもせず、単なる足手まといになっただけで、航海達成になに一つ貢献していない。この頃から彼の偉人としての諸々の虚像と虚構のフィクションが、ひとり歩きし始めたようだ。ただし弁舌は立て板に水を流すように巧みで、周旋能力にたけていたというから、いわゆる人たらしの能力をフルに発揮して、出世の階段を上りつめていったのだろう。

勝海舟の身持ちの悪さは有名で、伯爵になってからも、勝家に家事手伝いの奉公に上がった若い女性に次々に手をつけて子供をはらませている。こういった私生活上の問題は、彼の公人としての業績とはなんの関係もないし、私はこのようなスキャンダルでもって彼の経歴を非難しようとは思わない。

あの不世出の天才政治家田中角栄は艶聞家としても有名で、家庭の外に多くの愛人を囲っていたが、彼女たちはいずれも花柳界やあるいは政界がらみの、いわゆる玄人筋の女性だった。田中自身もそれを公言してはばからず、またそのことによって彼の政治家としての偉業はいささかも揺らぐものでない。

だが勝海舟は、自分の家に住みこんでいる素人の女性に手をつけているのである。当時華族の家に奉公に上がるのは、嫁入り前の行儀作法の見習い・習得をめざす良家の子女が多かった。先ほどの田中角栄のケースとはまったく異なる。あの田中といえども、もし仮に、彼の子供の家庭教師をしている女子大生に手をつけて、子供を産ませたりしていたとしたら、スキャンダルとして大問題になり、その政治生命は断たれていた可能性がある。

勝海舟が子供を産ませた女性の親たちは、謝罪する勝に対してただひたすら恐縮し、「御前のような大英雄の子種を宿すことができたのは、娘にとっても本望でございます」というへりくだった言葉で応えている。明治維新で四民平等がスタートしたとはいえ、当時はまだ身分差別のしがらみが厳然と残っている格差社会だった。そのような世相を逆手にとって、勝は自分のしでかした不始末を、まるで自慢話のように回想しているのだ。そこにみられるのは勝海舟のある種の開き直りである。いや、開き直りというよりも、人間としての品性の卑しさ、といったほうがよいかもしれない。

司馬遼太郎は勝海舟のことを、空前絶後のスケールをもった底しれぬ英雄としてとらえている。そして勝が江戸を無血開城に導いた行為については、「国家という組織を一つの生命体としてとらえ、まるで医師のような感覚でその有機体内部の病変を探りあて、巧みなメスさばきで患部を切開してその生命を救った」と評価し、日本を破滅の瀬戸際から救った英雄的行為として絶賛している。

もし勝海舟の江戸無血開城の試みがうまくいかず、江戸で幕府と薩長の戦いがおこなわれていたと仮定しよう。歴史をそのように仮定した場合、後世の作家である司馬遼太郎は、その戦いをどのように評価しているだろうか？　彼得意の「合理主義的歴史観」でもって、「狂信的な妄想につき動かされた幕府家臣団が、官軍相手に勝てるはずのない戦を挑み、江戸市街を廃墟にし、多くの江戸市民の命を犠牲にして自滅していった」などと批判しているのだろうか？

徳川慶喜の行動は武士の風上にもおけぬもの

江戸無血開城について一つの興味深い秘話がある。それをこれから紹介しよう。無血開城か決戦かをめぐって、勝と西郷の間で交渉がおこなわれ、それが大詰めにさしかかって緊張が頂点に達していた時期のことである。将軍の徳川慶喜が勝海舟を自室に招き、交渉の経過をしつこくたずね、「わしの命は助かるのだな」「わしの命は助かるのだな」と何度も何度も確認した。最後はまるで勝にしがみつくようにして、「わしは死にたくないのだ」といってはらはらと涙をこぼしたという。

これをみてさすがに勝は驚いた。第十五代将軍徳川慶喜といえば、頭脳明晰、大秀才としてその名は天下に知られている。権謀術数にもたけ、策士としての手腕もある。武門の棟梁として維新戦争で多くの幕臣を死なせてきた、その最高責任者の口からこのような泣き言を聞いて、勝は「世間では名君だのなんだのともてはやされているが、やはり生まれ落ちたときから大事に育てられてきたお坊ちゃんというのは、一皮むけばこういうものなのか」と感慨ひとしきりだったという。

薩長は当初から、維新戦争で幕府に勝利した暁には、徳川慶喜の首をはねるつもりだった。これは革命戦争には当然つきものの犠牲である。革命とは流血と犠牲を必要とするものなのだ。旧政権の残滓を一掃し、新政権の権威を周知徹底させるためにも、生け贄の血を祭壇にささげる儀式が必要なのだ。頭脳明晰な徳川慶喜はそのことを十分わかっていた。だからこそ自分の助命とひきかえに、戦わずして降伏したのだ。その結果、血祭りの矛先は奥羽越列藩同盟に向けられた。主君徳川慶喜の代わりに、彼らが生け贄として標的にされたのだ。

ところが司馬遼太郎の『最後の将軍』では、徳川慶喜はおおむね好意的に描かれている。日本という国が分裂して内乱になるのを回避するため、いっさいの戦いを拒否し、ただひたすら無抵抗と恭順の姿勢をつらぬき通した、悲劇のヒーローとして美化されている。まるで徳川慶喜がわが身を捨てて仁をなし、歴史に殉じた人物であるかのように彼をもち上げ、美辞麗句を連ねている。

これを『坂の上の雲』のなかで司馬が、乃木希典と伊地知幸介を罵倒し、こきおろしている場面の台詞と比べてみるがよい。実際には乃木も伊地知も無能でなく、愚将でもなかったのだが、司馬は「無能、卑怯、臆病、頑固、鈍感、無策」と、およそ考えつくかぎりの、ありとあらゆる罵詈雑言を浴びせかけて、乃木と伊地知を罵倒している。

徳川慶喜のとった行為は、武士の風上にもおけぬ卑劣で卑怯なものだった。日本武士道始まって以来、これほどの醜態と生き恥をさらした武士は、ほかに見あたらない。歴史作家が徳川慶喜をテーマにとりあげる場合、この点は絶対に避けて通れない大事なポイントだ。だが司馬遼太郎はなぜか、このもっとも大事なポイントをうやむやにごまかして無視し、歯の浮くような美辞麗句をそそいで、徳川慶喜を悲劇のヒーローに仕立てあげているのである。

鳥羽・伏見の戦いに敗れたあと大坂城に立てこもった幕府軍はここを拠点として、京都から進撃してくる薩長軍を迎え撃つ態勢をとった。大坂城は西日本における幕府の軍事拠点であり、当時の三大名城の一つで、最も堅牢に構築された要塞である。薩長軍５０００に対し幕府軍は１万５０００と数の上では圧倒的に優勢だった。慶喜は１８６８年１月５日、おもだった将士たちを大広間に集め、断固として大坂城を死守せよと命じ、たとえ自分が討ち死にしても自分の屍を踏み越えて敵を撃滅せよ、と檄を飛ばした。その大音声の音吐朗々たる悲壮な演説に、並み居る将士たちは感激の涙を流し、死力をつくして戦うことを慶喜の前に誓った。

ところがその翌日の1月6日の深夜、徳川慶喜は人目を忍んでほんのわずかの側近を引きつれ、暗闇にまぎれてこっそり大坂城から脱けだし、幕府の軍艦開陽丸に乗りこみ、江戸をめざして一目散に逃げ帰ってしまったのである。事前に周到に準備された計画的な敵前逃亡だったことはまちがいない。まさに夜逃げ同然の「すたこらさっさ」という表現がふさわしい。慶喜にみすてられた幕府軍こそいい面の皮である。自分たちを鼓舞し、決戦に向けてその意気天をつくばかりに煽り立てておきながら、その総大将の本人がまっ先に逃げてしまったのだから。

開陽丸の艦長である榎本武揚は、自分の船を無断で乗っとられた上に置き去りにされ、激怒した。彼は後日、江戸で慶喜と再会したとき、怒りのあまり「腰が脱けたか！」と慶喜をどなりつけている。

西郷隆盛は「与太者の親方」では決してない

少々横道にそれてしまったが、『翔ぶが如く』にもどろう。桐野利秋や西郷隆盛に代表されるどろどろとしたデモーニッシュなもの、司馬遼太郎が「えたいが知れない」と表現した、近代的な合理主義の精神では理解できない怨霊のような情念が、この作品の重要なテーマとなって背景に終始流れている。

物語の後半にさしかかるにつれて、司馬遼太郎の筆は西郷、桐野、篠原国幹、といった人物の性格描写に集中している。いかに彼らが宗教的な狂信ともいえる妄想にとりつかれて、理性をもってしては理解不可能な行動におし流されていったか、をまるで呪詛のようにくり返し、つぶやき続けてやむことがない。司馬は西郷のことを「与太者の親方」とまで罵倒している。

この呪詛は「狂信的な妄想にとりつかれ、常識で考えても敗北とわかっている大東亜戦争をひきおこして、国を惨憺たる荒廃におとしいれた」と司馬がみなしている、昭和の陸軍軍閥に対する怨念と同心円をなすものだ。明治初期の時代背景を昭和初期に、桐野を辻政信におきかえてみよう。そうすればそれがそっくりそのまま、ノモンハン事件の物語に、そして無謀な大東亜戦争をひきおこして自滅していく日本の姿にあてはまることが、おわかりいただけるだろう。

『坂の上の雲』の乃木希典と伊地知幸介が、『翔ぶが如く』の西郷隆盛と桐野利秋のイメージに重なりあうことに、読者諸氏は気づかれたであろう。この「乃木的」なものと「伊地知的」なものに象徴される人物像のコンビは、司馬のあらゆる作品に姿を変えかたちを変えて現れ続ける。司馬の構想ではそれが最終的に、ノモンハン事件の服部卓四郎と辻政信のコンビとして描かれるはずだった。それは結局果たされないまま終わったが、それこそが司馬遼太郎のライフワークの最後のテーマだったのである。

これはある人が指摘したことだが、司馬遼太郎の文体には「この人物の面白さは」とか「この国家の不思議さは」とか「この名優のみごとさは」とかいった、すこし気になる癖があるのだ。『坂の上の雲』のなかにも、このような表現がいたるところに頻繁にでてくる。いくつかの例をあげよう。

「明治海軍のおもしろさは、山本権兵衛が一大佐か、少将の身で大改革をやりえたということである」

「西郷従道のふしぎは、海軍について何も知らないこの人物が明治18年伊藤内閣ではじめて海軍大佐をやったのをかわきりに、明治26年に就任し、さらに松方、伊藤、大隈の三内閣と続いて海軍大臣をやったことである」

このような語り口がえんえんと続くのだが、しかしこんなことは別に面白くもないし不思議でもない。藩閥政府が人材不足の宿命を背負っていた、というただそれだけの話である。このような俗耳に入りやすい講釈師的な語り口でもって、時代の転換期に英雄・豪傑・スターを登場させ、歴史を画した大事件を彼らの個性や知略に還元して描きながら、通俗史観をなぞっている。その意味において、既成の歴史観を司馬遼太郎が大きく変えたということはなかった、と私は思う。

ただし20歳前後の血気盛んな頃に司馬作品を読むと、夜通しかけて読んでしまうような面白さがあった。そしてこれはたぶん20歳の頃の錯覚だと思うのだが、自分がずいぶん賢くなったような気がするのだ。やはり司馬遼太郎の作品は基本的に講釈師の語り口なのだろう。

おわりに

われわれが歴史を学ぶのはなんのためだろうか？　アルバムを開いて古い写真を見るように、過去をふり返って昔のなつかしい思い出にひたるためだろうか。もちろんそういう側面もあるだろう。だがそれだけではない。現在われわれが生きているこの時代、この瞬間が深刻な問題におおわれていて、それを解決する糸口がなかなか見つからないでいるとき、それを切り開く突破口を見つけるためには、歴史に学ぶ以外に方法がないからだ。われわれは未来を見ることはできない。われわれに見えているのは現在のこの一瞬だけだ。しかもその現在も瞬時に過去のものとなり、それが延々と続いていくだけである。

これはどういうことかというと、次のような場面を想像してほしい。われわれが列車に乗っていて、窓側の座席で進行方向の席でなく、進行方向と逆向きの席に座っているとしよう。このとき窓の外に展開される風景は、これまで見てきた場面の連続であり、しかもそれはどんどん遠ざかっていき、さらにまた新たな場面が次々に追加されていく。われわれは列車が向かっている進行方向の風景を見ることはできない。しかしいま列車の窓にうつっている風景、および遠ざかりつつあるそれまでの風景は見ることができる。しかも遠ざかるにつれてそれはだんだん小さくなり、見る角度も変わり、最初にみた風景のイメージはどんどん変わっていく。

いま紹介したこの列車のたとえ話だが、これがまさにわれわれが歴史に向きあっているときの姿勢といってよいだろう。読者諸氏は、歴史の本に書かれていることは変えることができない絶対的な事実だ、などと思っていないだろうか？　とんでもない。そんなことは決してない。これはニーチェの語った有名な言葉だが、事実などというものは存在しないのだ。存在するのはただ解釈だけなのだ。解釈が変われば過去の歴史も新しいものに変わっていく。過去が変われば現在も変わっていくのだ。

いまから５００年前にヨーロッパで花開いたルネサンスは、近代を切り開いた出発点となった。そのルネサンスでかかげられたスローガンは「古代へかえれ」という言葉だった。西ローマ帝国が滅んだあと、１０００年間続いた中世の低迷期に落ちこんだヨーロッパは、西アジアのイスラム文明に完全に後れをとっていた。中世ヨーロッパには古代ローマ帝国の時代のかすかな記憶の残滓があるだけで、古典古代世界とは隔絶していた。

当時ヨーロッパからバグダッドを訪れた旅行者たちは、その世界最先端の豪華絢爛たる洗練されたイスラムの大都会の光景に、ただただ圧倒されるだけだった。産業革命以前の世界史において、人口が150万に達した大都会は唯一バグダッドだけで、市内のあらゆる街角に街灯が煌々と灯っていたという。当時のヨーロッパなど世界の辺境もいいところで、バグダッドを訪れた彼らは、田舎から出てきた右も左もわからないお上りさん同然だった。

そのヨーロッパがイスラムに対し、近代化に向けてまき返しをはかるためには、古代をとりもどして自分のものにするしかなかった。真の近代化をなしとげるためには、一度古代に立ち返ることが必要になってくるのである。その手段としては、アラビア語に翻訳された古典の文献に頼るしかなかった。ここにおいてヨーロッパとイスラムの間で古代をめぐる獲得競争が展開され、ルネサンスでそれに勝利したヨーロッパが世界の覇者になったのである。500年前にヨーロッパで始まった科学技術革命は、「古代へかえれ」が出発点になったのだ。

このことはヨーロッパとイスラムの間の関係だけでなく、東アジアにおける日本と中国の間の関係についても同様のことがいえる。古代の獲得に成功した日本が本家本元の中国を凌駕して、東アジアの覇権を握ったのは当然のことだった。江戸期の日本の儒学研究は多くの優秀な頭脳が参加し、芸文の花は百花繚乱と咲き乱れ、その学問的水準はついに本場の中国をも追い越してしまった。

とりわけ荻生徂徠に代表される古文辞学は、「古代へかえれ」をスローガンにかかげ、２５００年前の春秋時代の研究だけでは飽き足らず、３０００年前の周の時代にまで考証の矛先を向けていった。荻生徂徠などは、３０００年前の周の時代の人々がしゃべっていた、口語会話の発音にいたるまで正確に解明しようとして、言語学的な考証に没頭したのである。それに比べ、荻生徂徠と同時代の中国の清朝では、枝葉末節の重箱の隅をつつくような訓詁学に明け暮れていて、画期的な学問の進歩はほとんどなかった。

江戸期の日本で開花した儒学ルネサンスのパワーの波動は、ただ単に儒教の分野だけにとどまるものではなかった。それは国学の分野にも覚醒をもたらし、『古事記』を解読した本居宣長が出現するにいたったのである。荷田春満・賀茂真淵・本居宣長・平田篤胤と続く国学の系譜は、水戸学の尊王攘夷思想ともあいまって幕末の志士のよりどころとなり、ついにそれは維新回天の日本の近代化につながっていった。これは同じ時期の西ヨーロッパ、とりわけ19世紀のドイツで頂点に達した、古典古代の文献考証学の興隆と不思議な符合を示すものである。このごとくに、過去の歴史に回帰するということは、現在を切り開く新たな出発点となり得るのだ。

古代ギリシャの歴史家ツキディデスが、その著書『戦史』のなかで披瀝しているテーマは、今日の世界においてもそっくりそのまま通用する内容である。紀元前5世紀のペロポネソス戦争は、アテネとスパルタの間で戦われたギリシャ世界の主導権をめぐる争いだった。

それは19世紀末から20世紀初頭にかけて、世界の覇権をめぐるドイツとイギリスの争い、すなわち3B政策と3C政策の対立構造に重なりあうものである。さらにまた第2次世界大戦後の米ソの冷戦対立構造に重なりあうものである。

いやさらに未来を展望すれば、ソ連崩壊後衰退著しいロシアに代わって、新たに台頭してきた中国により今後予想される、世界の覇権をめぐる米中の対立構造に重なりあうものである。過去のなかに現代が現れ、現代のなかに過去が現れてくる。

第2次世界大戦後80年間、核兵器の抑止力のもとに大国同士の全面戦争は辛うじて抑えられてきた。このまるで綱渡りのような緊張感のもとで、われわれに求められているのは、過去の歴史からいかにして教訓を学びとるか、ということである。このことがいまほど切実に求められている時代はない。この歴史戦にいかにして勝ちぬくか、ということが今後の日本の大きな課題となるだろう。

人類史上未曾有の第2次世界大戦が終結して80年。この間世界をおおってきたのは戦勝国の史観だった。すなわち日本とドイツを倒した、アメリカ・イギリス・フランス・ロシア・中国などの連合国から見た歴史観である。なにしろ国際連合の構造そのものが、日独を敵国と定めた連合諸国の同盟ということになっているのだから。それは安全保障理事会の5つの常任理事国が上記の5カ国で占められている、という事実からも一目瞭然であろう。

だがその5カ国のなかの、ロシアと中国の現在のありさまと、アメリカの国力の相対的な低下をみれば、もはや国連などというものは世界平和を維持する力を持っていないことは明らかだ。いまこそ日本は、80年間押しつけられてきた戦勝国による歴史観から脱けだして、自分自身の歴史観に目ざめる時期にさしかかっている。

本書でとりあつかったのは、司馬史観の見直しとその超克というテーマだった。戦後80年間、司馬遼太郎ほど多くの日本人の心をとらえ、多大の影響を及ぼしてきた歴史小説家は他に見当たらない。いつしか「司馬史観」などという言葉が生まれ、それはアカデミズムの世界にまで影響を及ぼし始めた。

だがしょせん小説は小説である。いかに講釈師的な語り口でもって彼の思いこみと固定観念による「物語」を紡ごうと、それは「歴史学」の衣をまとった、単なるうわべだけの通俗史観をなぞっているにすぎない。これがもしも戦国時代の剣豪や武将、あるいは幕末の志士の生きざまなどを描いた娯楽小説ならそれですむだろう。なぜならそのような歴史「物語」が正確な史実だなどと誰も思っていないし、そんなことは最初から誰も期待していないからだ。

だが世上、「司馬史観」として人々の心に定着しているのは、明治以降の日本の政治・外交・戦争といったテーマに触れながら、日本という国家の近現代史そのものを論じた国家論である。これがあたかも、日本の近現代史の正史であるかのように人々の心に定着してしまえば、どういうことになるのか？　激動する世界情勢のなかで国家が生きのびるためには、常に新たな視点でもって歴史に問いかけていく以外に方法がない。「捏造された歴史」の誤りをただすための努力を瞬時も怠ることなく、永久にこの努力を続けていかなければならないのだ。

読者諸氏は「司馬遼太郎賞」という文学賞をご存じだろうか。賞金額が１００万円という巨額なことでも有名だが、この司馬遼太郎賞をめぐる2人の人物のエピソードを紹介しよう。

一人は立花隆である。日本を代表するジャーナリスト、評論家で、多岐のジャンルにわたる多くの著書がベストセラーになり、「知の巨人」というニックネームをたてまつられた。彼は司馬遼太郎賞を受賞したとき、次のように発言した。

「司馬遼太郎というのは福田定一氏のペンネームである。彼がこのペンネームをつけた理由は、中国の歴史の父といわれる司馬遷に遼におよばず、その後塵を拝している、という彼の謙虚な姿勢によるものだ。しかし私は、司馬遼太郎は司馬遷に遼におよばないどころか、司馬遷を遼に超えていると思う」

まさに司馬遼太郎に対する手放しの絶賛である。

もう一人は吉村昭である。彼はノンフィクションの歴史作家で、その作品はすべて異常と思えるほど綿密で緻密な、そして徹底した取材調査に裏付けられていて、いぶし銀のような魅力と光沢を放っている。彼は司馬遼太郎賞の入選が決定したとき、みずからあえて受賞を辞退した。その辞退した理由を彼は次のように発言した。

「私は司馬遼太郎の作品を読んだことがありませんので」

胸のすくような痛快なエピソードである。「司馬史観」などという言葉に酔いしれ、慢心して悦に入っている世の読者に対する、これほど寸鉄人を刺す警句はないだろう。

司馬史観が多くの日本人の心にここまで浸透したのは、その時代背景ともかかわりがある。大東亜戦争の未曾有の敗戦後、アメリカの保護国として余計なことはなにも考えずに生きていくうえで、司馬史観が国民の心にぴたりとフィットしたからだ。それはまことに快適で居心地のよい空間だったのだろう。「アメリカの平和」を日本人は心ゆくまで満喫できたのだから。

だが世界はいまや大きな変動期にさしかかろうとしている。アメリカが世界の警察官として君臨してきた「アメリカの平和」が揺らごうとしているなか、いまやわれわれはいっさいの幻想をかなぐり捨てて、われわれがおかれている現実を真正面から見すえなければならなくなっている。

いまこそわれわれは従来の歴史観の呪縛から解き放たれ、おのれ自身の曇りない眼差しで過去の歴史を総括する時期にさしかかっている。本書によって読者諸氏がこれらのテーマに目ざめるきっかけになれば、筆者としては望外の喜びである。

[著者プロフィール]
福井雄三（ふくい・ゆうぞう）
東京国際大学特命教授。1953年７月、鳥取県倉吉市生まれ。東京大学法学部卒。企業勤務ののち、大阪青山短期大学教授、東京国際大学教授を経て、2024年４月から現職。専門は国際政治学、日本近現代史。著書に『真珠湾の代償』（毎日ワンズ）、『歴史小説の罠』（総和社）、『よみがえる松岡洋右』『世界最強だった日本陸軍』『日米開戦の悲劇』『板垣征四郎と石原莞爾』（以上、PHP研究所）、『坂の上の雲に隠された歴史の真実』『司馬遼太郎と東京裁判』（以上、主婦の友インフォス情報社）、翻訳書にカール・カワカミ著『シナ大陸の真相』（経営科学出版社）、チャック・ダウンズ著『北朝鮮の交渉戦略』（日新報道）、共著に『自ら歴史を貶める日本人』（徳間書店）などがある。2020年、『世界最強だった日本陸軍』でアパ日本再興大賞優秀賞受賞。

捏造だらけの自虐史観

2024年10月１日　　第１刷発行

著　者　福井　雄三
発行者　唐津　隆
発行所　株式会社ビジネス社
〒162-0805　東京都新宿区矢来町114番地
神楽坂高橋ビル５階
電話 03(5227)1602　FAX 03(5227)1603
https://www.business-sha.co.jp

カバー印刷・本文印刷・製本/半七写真印刷工業株式会社
〈装幀〉大谷昌稔
〈本文デザイン・DTP〉有限会社メディアネット
〈営業担当〉山口健志　〈編集担当〉中澤直樹

ISBN978-4-8284-2660-0

定価　2090円（税込）
ISBN978-4-8284-2608-2